编委会

普通高等院校旅游管理类"十三五"规划教材
教育部旅游管理专业本科综合改革试点项目配套规划教材

总主编

马 勇　教育部高等学校旅游管理类专业教学指导委员会副主任
　　　　中国旅游协会旅游教育分会副会长
　　　　中组部国家"万人计划"教学名师
　　　　湖北大学旅游发展研究院院长，教授、博士生导师

编 委（排名不分先后）

田 里　教育部高等学校旅游管理类专业教学指导委员会主任
　　　　云南大学工商管理与旅游管理学院原院长，教授、博士生导师
高 峻　教育部高等学校旅游管理类专业教学指导委员会副主任
　　　　上海师范大学环境与地理学院院长，教授、博士生导师
韩玉灵　教育部全国旅游职业教育教学指导委员会秘书长
　　　　北京第二外国语学院旅游科学学院教授
罗兹柏　中国旅游未来研究会副会长，重庆旅游发展研究中心主任，教授
郑耀星　中国旅游协会理事，福建师范大学旅游学院教授、博士生导师
董观志　暨南大学旅游规划设计研究院副院长，教授、博士生导师
薛兵旺　武汉商学院旅游与酒店管理学院院长，教授
姜 红　上海商学院酒店管理学院院长，教授
舒伯阳　中南财经政法大学工商管理学院教授、博士生导师
朱运海　湖北文理学院资源环境与旅游学院副院长
罗伊玲　昆明学院旅游管理专业副教授
杨振之　四川大学中国休闲与旅游研究中心主任，四川大学旅游学院教授、博士生导师
黄安民　华侨大学城市建设与经济发展研究院常务副院长，教授
张胜男　首都师范大学资源环境与旅游学院教授
魏 卫　华南理工大学经济与贸易学院教授、博士生导师
毕斗斗　华南理工大学经济与贸易学院副教授
史万震　常熟理工学院商学院营销与旅游系副教授
黄光文　南昌大学旅游学院副教授
窦志萍　昆明学院旅游学院教授，《旅游研究》杂志主编
李 玺　澳门城市大学国际旅游与管理学院院长，教授、博士生导师
王春雷　上海对外经贸大学会展与旅游学院院长，教授
朱 伟　天津农学院人文学院副教授
邓爱民　中南财经政法大学旅游发展研究院院长，教授、博士生导师
程丛喜　武汉轻工大学旅游管理系主任，教授
周 霄　武汉轻工大学旅游研究中心主任，副教授
黄其新　江汉大学商学院副院长，副教授
何 彪　海南大学旅游学院副院长，副教授

普通高等院校旅游管理类"十三五"规划教材
教育部旅游管理专业本科综合改革试点项目配套规划教材

总主编 ◎ 马 勇

旅游企业财务管理
Financial Management of Tourism Enterprises

主 编 ◎ 胡 芬
副主编 ◎ 李容姿 彭 静

华中科技大学出版社
http://press.hust.edu.cn
中国·武汉

图书在版编目(CIP)数据

旅游企业财务管理/胡芬主编. —武汉:华中科技大学出版社,2020.11(2023.8重印)
ISBN 978-7-5680-6713-3

Ⅰ.①旅… Ⅱ.①胡… Ⅲ.①旅游企业-财务管理-研究 Ⅳ.①F590.66

中国版本图书馆 CIP 数据核字(2020)第 219153 号

旅游企业财务管理
Lüyou Qiye Caiwu Guanli

胡 芬 主编

策划编辑：李 欢
责任编辑：李 欢 姜姗姗
封面设计：原色设计
责任校对：刘 竣
责任监印：周治超
出版发行：华中科技大学出版社(中国·武汉)　　电话：(027)81321913
　　　　　武汉市东湖新技术开发区华工科技园　　邮编：430223
录　排：华中科技大学惠友文印中心
印　刷：武汉科源印刷设计有限公司
开　本：787mm×1092mm　1/16
印　张：12.25　插页：2
字　数：295 千字
版　次：2023 年 8 月第 1 版第 4 次印刷
定　价：49.80 元

本书若有印装质量问题，请向出版社营销中心调换
全国免费服务热线：400-6679-118　竭诚为您服务
版权所有　侵权必究

Abstract

　　本书是根据旅游管理专业教学大纲的基本要求编写的。本书在编写过程中,以企业财务管理的基本理论为基础,结合一般旅游企业的经营特点,在每个章节中加入具体的案例,以此加深读者对各章节内容的理解和认识。

　　全书分为四篇,共十章。第一篇为基础理论篇,对旅游企业管理相关概念、原则与方法进行了简单而又详细的阐述与归纳;第二篇为筹投资管理篇,该篇在第三章对旅游企业筹资的基本概念、筹资渠道与方式、筹资的结构以及风险进行了阐释,在第四章对投资的基本概念、投资决策的评价指标计算等进行了详细而又系统的介绍;第三篇为企业资产管理篇,该篇包括流动资产管理、固定资产管理与其他资产管理,对不同资产的相关概念及日常管理方法进行了描述;第四篇为利润分配与财务预算分析篇,该篇在第八章介绍了股利分配的基本概念、股利政策以及不同时期适合的股利分配方案,在第九、十章介绍了财务预算及财务分析部分。

　　This book is compiled according to the basic requirements of the tourism management professional syllabus. In the process of writing this book, based on the basic theories of corporate financial management, combined with the operating characteristics of general tourism companies, specific cases are added to each chapter to deepen readers' understanding and awareness of the content of each chapter.

　　The book is divided into 4 parts with a total of 10 chapters. The first one is the basic theory chapter, which briefly and detailedly elaborates and summarizes the related concepts, principles and methods of tourism enterprise management. The second one is the investment management chapter, Chapter 3 explains the basic concepts, financing channels and methods, financing structure, and risks of tourism enterprise financing. Chapter 4 provides a detailed and systematic introduction to the basic concepts of investment and the calculation of evaluation indicators for investment decisions. The third part is enterprise asset management, which includes current asset management, fixed asset management and other asset management, and describes the related concepts and daily management methods of different assets. The fourth part is profit distribution and financial budget analysis. Chapter 8 introduces the basic concepts of dividend distribution, dividend policies, and suitable dividend distribution plans in different periods. Chapters 9 and 10 introduce the financial budget and financial analysis.

Introduction 总 序

旅游业在现代服务业大发展的机遇背景下,对全球经济贡献巨大,成为世界经济发展的亮点。国务院已明确提出,将旅游产业确立为国民经济战略性的支柱产业和人民群众满意的现代服务业。由此可见,旅游产业已发展成为拉动经济发展的重要引擎。中国的旅游产业未来的发展受到国家高度重视,旅游产业强劲的发展势头、巨大的产业带动性必将会对中国经济的转型升级和可持续发展产生良好的推动作用。伴随着中国旅游产业发展规模的不断扩大,未来旅游产业发展对各类中高级旅游人才的需求将十分旺盛,这也将有力地推动中国高等旅游教育的发展步入快车道,以更好地适应旅游产业快速发展对人才需求的大趋势。

教育部2012年颁布的《普通高等学校本科专业目录(2012年)》中,将旅游管理专业上升为与工商管理学科平行的一级大类专业,同时下辖旅游管理、酒店管理和会展经济与管理三个二级专业。这意味着,新的专业目录调整为全国高校旅游管理学科与专业的发展提供了良好的发展平台与契机,更为培养21世纪旅游行业优秀旅游人才奠定了良好的基础。正是在这种旅游经济繁荣发展和对旅游人才需求急剧增长的背景下,积极把握改革转型发展机遇,整合旅游教育资源,为我国旅游业的发展提供强有力的人才保证和智力支持,让旅游教育发展进入更加系统、全方位发展阶段,出版高品质和高水准的"普通高等院校旅游管理类'十三五'规划教材"则成为旅游教育发展的迫切需要。

基于此,在教育部高等学校旅游管理类专业教学指导委员会的大力支持和指导下,华中科技大学出版社汇聚了国内一大批高水平的旅游院校国家教学名师、资深教授及中青年旅游学科带头人,面向"十三五"规划教材做出积极探索,率先组织编撰出版"普通高等院校旅游管理类'十三五'规划教材"。该套教材着重于优化专业设置和课程体系,致力于提升旅游人才的培养规格和育人质量,并纳入教育部旅游管理专业本科综合改革试点项目配套规划教材的编写和出版,以更好地适应教育部新一轮学科专业目录调整后旅游管理大类高等教育发展和学科专业建设的需要。该套教材特邀教育部高校旅游管理类专业教学指导委员会副主任、中国旅游协会旅游教育分会副会长、中组部国家"万人计划"教学名师、湖北大学旅游发展研究院院长马勇教授担任总主编。同时邀请了全国近百所开设旅游管理本科专业的高等学校知名教授、学科带头人和一线骨干专业教师,以及旅游行业专家、海外专业师资等加盟编撰。

该套教材从选题策划到成稿出版,从编写团队到出版团队,从内容组建到内容创新,均展现出极大的创新和突破。选题方面,首批主要编写旅游管理专业类核心课程教材、旅游管理专业类特色课程教材,产品设计形式灵活,融合互联网高新技术,以多元化、更具趣味性的形式引导学生学习,同时辅以形式多样、内容丰富且极具特色的图片案例、视频案例,为配套数字出版提供技术

支持。编写团队均是旅游学界具有代表性的权威学者,出版团队为华中科技大学出版社专门建立的旅游项目精英团队。在编写内容上,结合大数据时代背景,不断更新旅游理论知识,以知识导读、知识链接和知识活页等板块为读者提供全新的阅读体验。

在旅游教育改革发展的新形势、新背景下,旅游本科教材需要匹配旅游本科教育需求。因此,编写一套高质量的旅游教材是一项重要的工程,更是一项重要的责任。我们需要旅游专家学者、旅游企业领袖和出版社的共同支持与合作。在本套教材的组织策划及编写出版过程中,得到了旅游业内专家学者和业界精英的大力支持,在此一并致谢!希望这套教材能够为旅游学界、业界和对旅游知识充满渴望的学子们带来真正的养分,为中国旅游教育教材建设贡献力量。

前言

近年来旅游业的快速发展使得该行业对管理人才的要求也逐步提高,现代化的旅游企业同样需要管理人员能看得懂财务报表、懂得筹投资、从财务的角度看待和处理问题。因此财务管理已成为现代旅游企业中高层管理人员必须了解和掌握的一门专业知识。

旅游企业财务管理是指旅游企业利用货币形式,根据国家政策法规和资金运动规律,组织财务活动和处理财务关系所进行的一种全面的价值管理活动。学习旅游企业财务管理的目的在于:深刻认识到财务管理工作对于旅游企业的重要性,明确财务管理的目标、原则以及方法;理解财务管理的核心内容,了解不同类型资产的管理,掌握资金流动时各活动之间的联系;学会运用财务管理的各种业务方法进行预算、决策、控制和分析。

本书系统地阐述了旅游企业财务管理的基本概念、管理原则、内涵等理论问题以及预算、筹投资、各类资产管理、利润分配等实际问题的分析方法,当然还包括财务报告的基本分析。另外本教材针对学生的学习特点,每章前都列出"学习目标"和"学习重点",以便帮助学生有针对性地学习,在每章最后都引用了与企业经营相关的实际案例并提出"思考问题""与课外延展问题"以帮助学生加深理解与思考,提高思辨能力。希望学生通过本课程的学习,可以基本掌握现代旅游企业财务管理的基本理论,具备从事经济管理工作所必需的财务管理业务知识和工作能力。

本书由胡芬担任主编,负责全书总体框架的设计、初稿修改、补充以及定稿。本书撰写分工如下:第一章、第三章、第四章由胡芬撰写,第二章、第六章、第七章、第八章由彭静撰写,第五章、第九章和第十章由李容姿撰写,全书最后的修订工作由邓欣、李可欣完成。

本书既可作为应用型本科和高职高专院校旅游专业财务管理课程的教学用书,又可以作为旅游企业管理人员培训和自学用书。

旅游企业财务管理教材的编写是一个伴随理论探索和实践总结而不断完善的过程,其中参考了很多的教材和资料。对本书存在的不足之处,敬请广大读者批评、指正,以便对本书做进一步的修改、补充和完善。

编 者

Contents 目 录

第一篇 旅游企业财务管理绪论
Part 1　Introduction to Financial Management of Tourism Enterprises

第一章　旅游企业财务管理原则及方法
Chapter 1　Financial Management Principles and Methods of Tourism Enterprises

第一节　旅游企业财务管理的内涵　/3
❶　The connotation of financial management of tourism enterprises

第二节　旅游企业财务管理目标、任务、原则与方法　/6
❷　Financial management objectives、tasks、principles and methods of tourism enterprises

第二章　企业财务管理时间价值观念
Chapter 2　Time Value Concept of Financial Management of Tourism Enterprises

第一节　资金时间价值　/16
❶　Time value of funds

第二节　资金风险价值　/25
❷　Value at risk of funds

第二篇 旅游企业筹投资管理
Part 2　Investment Management of Tourism Enterprises

第三章　旅游企业筹资管理
Chapter 3　Fundraising Management of Tourism Enterprises

第一节　旅游企业筹资基本概述　/33
❶　Basic overview of financing for tourism enterprises

第二节　旅游企业筹资渠道与方式　/34
❷　The financing channels and methods of tourism enterprises

第三节　资本成本　　　/45
Capital cost

第四节　筹资结构与筹资风险　　　/48
Financing structure and financing risks

第四章　旅游企业投资管理
Chapter 4　Investment Management of Tourism Enterprises

第一节　旅游企业投资概述　　　/56
Overview of investment in tourism enterprises

第二节　投资决策的基础——现金流量　　　/57
The basis of investment decision—cash flow

第三节　投资决策评价指标　　　/61
Investment decision evaluation index

第三篇　旅游企业资产管理
Part 3　Asset Management of Tourism Enterprises

第五章　旅游企业流动资产管理
Chapter 5　Management of Current Assets in Tourism Enterprises

第一节　旅游企业流动资产管理概述　　　/73
Overview of current asset management of tourism enterprises

第二节　货币资金管理　　　/75
Monetary fund management

第三节　应收账款管理　　　/77
Accounts receivable management

第四节　存货资产管理　　　/83
Inventory asset management

第六章　旅游企业固定资产管理
Chapter 6　Fixed Asset Management of Tourism Enterprises

第一节　旅游企业固定资产管理概述　　　/93
Overview of fixed assets management of tourism enterprises

第二节　固定资产折旧管理　　　/96
Depreciation management of fixed assets

第三节　固定资产日常管理　　　　　　　　　　　　　　　　／100
❸　Daily management of fixed assets

第七章　旅游企业其他资产管理
Chapter 7　Other Asset Management of Tourism Enterprises

104

第一节　旅游企业其他资产概述　　　　　　　　　　　　　　／105
❶　Overview of other assets of tourism enterprises

第二节　旅游企业其他资产的管理　　　　　　　　　　　　　／106
❷　Management of other assets of tourism enterprises

第四篇　旅游企业利润分配
Part 4　Profit Distribution of Tourism Enterprises

第八章　旅游企业利润分配管理
Chapter 8　Profit Distribution Management of Tourism Enterprises

112

第一节　利润分配概述　　　　　　　　　　　　　　　　　　／113
❶　Overview of profit distribution

第二节　股利政策　　　　　　　　　　　　　　　　　　　　／117
❷　Dividend policy

第三节　股利分配方案　　　　　　　　　　　　　　　　　　／121
❸　Dividend distribution plan

第四节　股票分割和股票回购　　　　　　　　　　　　　　　／125
❹　Stock split and stock repurchase

第九章　旅游企业财务预算管理
Chapter 9　Financial budget management of tourism enterprises

130

第一节　财务预算概述　　　　　　　　　　　　　　　　　　／131
❶　Financial budget overview

第二节　旅游企业预算的编制　　　　　　　　　　　　　　　／135
❷　Preparation of tourism enterprise budget

第十章　旅游企业财务分析
Chapter 10　Financial Analysis of Tourism Enterprises

147

第一节　财务分析概述　　　　　　　　　　　　　　　　　　／148
❶　Overview of financial analysis

　　第二节　财务分析的基本方法　　　　　　　　　　　　　　/154
　　❷　Basic methods of financial report analysis

　　第三节　财务分析的内容　　　　　　　　　　　　　　　　/160
　　❸　Analysis of main financial indicators

174 附录 A
Appendix A

181 附录 B
Appendix B

182 主要参考文献
References

第一篇

旅游企业财务管理绪论

Introduction to Financial Management of Tourism Enterprises

第一章

旅游企业财务管理原则及方法

学习目标

通过本章的学习,明确旅游企业财务管理的概念,了解财务管理在旅游企业管理中的地位和作用,掌握财务管理的主要内容和基本原则,理解财务管理的主要方法;能够利用对财务管理内涵的理解,指导旅游企业财务管理实践活动,发挥财务管理在旅游企业管理中的核心作用,灵活运用财务管理基本原则和主要方法指导旅游企业经营管理活动。

学习重点

通过本章学习,重点掌握以下知识要点:
1. 旅游企业财务管理的内涵;
2. 旅游企业财务管理的目标;
3. 旅游企业财务管理的任务;
4. 旅游企业财务管理的基本原则;
5. 旅游企业财务管理的方法。

关键概念

财务管理 财务管理目标 财务管理原则 财务管理方法

第一节 旅游企业财务管理的内涵

一、旅游企业的含义

旅游企业是构成旅游业的基本组成单位,但由于旅游业的产业边界具有模糊性和交叉性,因此旅游业的构成问题目前尚未有定论。到目前为止,有关旅游业构成的学说中以密德尔敦(Middleton)的观点最为流行。密德尔敦认为,就一个国家或地区而言,旅游业主要由旅游业务组织部门、住宿部门、交通运输部门、游览场所经营部门和目的地旅游组织部门五大部分组成。这五个部门之间存在着共同的目标和不可分割的相互联系,即通过吸引、招徕和接待旅游者,促进旅游目的地的经济发展(Middleton,1996)。[①] 而世界贸易组织(WTO)在对服务部门的分类中,在旅游部门下共设立了四个分部门,它们是酒店与餐馆(含饮食)、旅行社和旅游经营者服务、导游服务和其他。酒店(住宿部门)和旅行社(旅游业务组织部门)是得到公认的两个部门,而且也是人们普遍认为最具典型的旅游企业。本书所指的旅游企业主要指酒店和旅行社两类旅游企业。

二、旅游企业财务活动与财务管理

(一)旅游企业财务活动

旅游企业财务活动就是指以现金收支为主的旅游企业资金收支活动的总称,即旅游企业再生产过程中的资金运动。任何企业的再生产过程都具有两重性:既是使用价值的生产和交换过程,又是价值的形成和实现过程。旅游企业生产的产品是劳务产品,虽然不像制造业那样提供的是有形的物质产品,但是无形的服务同样能满足人们的特定消费需求,并在满足需求的过程中实现价值增值,因而旅游企业提供的服务同样具有使用价值和价值。

旅游企业在提供服务满足游客需要的过程中伴随着资金的筹集、投放、耗费、回收及分配等资金运动过程,这一系列资金运动过程构成了旅游企业的财务活动内容,具体来说主要包括:

1. 资金筹集

旅游企业经营活动离不开资金支持,如果从资金的来源性质上理解资金的话,可以将资金分为两类:一类是债务性质的资金即负债;另一类是属于所有者的资金即所有者权益。前者代表着旅游企业与债权人之间的一种借贷关系,旅游企业必须按期还本付息;后者代表旅游企业投资人所拥有的利益或权利。旅游企业必须选择合适的筹资渠道,处理好筹资中两

[①] 密德尔敦认为,旅游业务组织部门包括旅游经营商、旅游批发商/中间商、旅游零售代理商、会议组织者、预订代办处(如住宿预订)和奖励旅游组织者。住宿部门包括饭店/汽车旅馆、家庭旅店、住宿加早餐式旅店、农舍、公寓房屋、别墅、分时大厦/分时度假区、度假村、度假中心、会议展览中心、固定的和流动的活动房车/宿营地以及小游艇、船坞。游览场所经营部门包括主题公园、博物馆和美术馆、国家公园、野生动物园、花园、历史文化遗址和历史文化中心、运动/活动中心。交通运输部门包括航空公司、轮船/渡船公司、铁路公司、公共汽车、客车经营商、租赁汽车经营商。目的地旅游组织部门包括国家旅游局、地区/州旅游局、地方旅游局和旅游协会。

类资金的比例关系,以较低的筹资成本筹资和以适当的还款方式偿债。

2. 资金投放

旅游企业筹集来的资金需要通过投放转化为各类有用的资产。如果从资金投放的结果来看,可以将资金分为两类:一类是有形资产即各种有形的生产资料、原材料和货币资产;另一类是无形资产即知识产权、专有技术、品牌和商标等。旅游企业必须处理好投放在各类资产上的比例关系,以形成适当的资产结构。21世纪是知识经济时代,旅游企业尤其需要处理好在无形资产上的投资决策问题,以避免重有形轻无形的投资误区。

3. 资金耗费

旅游企业在提供服务时,会耗费各种材料,损耗固定资产,支付员工工资及其他费用,各种生产耗费的货币表现就构成了服务产品的成本,成本是旅游企业生产经营过程中的资金耗费。伴随着资金耗费,旅游企业在为消费者提供服务效用的同时,也创造出新的价值。其中除补偿员工为自己劳动创造的价值以外,还包括为社会劳动创造的价值。旅游企业必须控制好资金耗费过程,也即控制好成本,才能最大限度地创造利润。

4. 资金回收

旅游企业在为消费者提供服务以后,便可按一定价格实现一定量的货币收入,由此实现资金回收。由于回收的方式不同,会产生现收收入和应收收入。旅游企业必须密切关注资金回收量的多少和回收时间的长短,才能确保实现资金回收目标。为此必须制定合理的价格,选择适当的结算方式。

5. 资金分配

旅游企业取得的货币收入要用于弥补各项耗费,要向国家缴纳各项税金,要向债权人还本付息,要向投资者分红等等,由此实现资金的分配过程。旅游企业必须处理好分配中的各种关系,只有利益关系协调好,才能为旅游企业持续经营创造良好的内外部条件。

(二) 旅游企业财务关系

旅游企业在资金运动中,不可避免地会与各方面利益主体发生各种经济上的联系,这种联系形成的关系就是财务关系,主要包括:

1. 旅游企业与投资者、受资者的财务关系

无论是旅游企业从各种投资者那里筹集资金,还是旅游企业向其他单位投资,都会形成投资方与受资方的关系,受资方应当向投资方分配投资收益。这种关系在性质上属于所有权关系,双方必须承担各自的责任和享受各自的权益。

2. 旅游企业与债权人、债务人的财务关系

旅游企业在购销活动中会与有关单位发生货款收支结算关系,也会由于资金周转的需要与有关单位发生资金借贷关系。这种关系在性质上属于债权债务关系、合同关系,双方同样要保证各自的权利和义务,按合同规定落实到位。

3. 旅游企业与税务机关的财务关系

税务机关以社会管理者的身份与旅游企业发生征缴税款的财务关系,旅游企业必须依法足额按时缴纳各项税金,履行应尽的义务。

4.旅游企业与客人的财务关系

旅游企业由于向客人提供了服务产品而享有获得收入的权利,由于结算方式不同,会形成现收收入和赊收收入。如何实现收入安全回收,是旅游企业财务管理的重要内容。

5.旅游企业内部的财务关系

旅游企业在取得收入后,要向员工支付工资、津贴和奖金等,这种财务关系体现了个人和集体在劳动成果上的分配关系,要按有关分配政策协调好这种关系。旅游企业上述的各种财务关系是在从事生产经营,进行资金的筹集、投放、耗费、回收和分配等财务工作中产生的。它是伴随着财务活动必然产生的一种经济现象,离开了这些财务关系,旅游企业的资金运动就缺乏效率和动力。由此可见,旅游企业财务就其本质而言,是指其经营过程中的资金运动及其所体现的财务关系。因此,不难发现旅游企业财务管理的对象是旅游企业的资金运动。

(三)旅游企业财务管理的内涵

旅游企业财务管理是指旅游企业利用货币形式,根据国家政策法规和资金运动规律,组织财务活动和处理财务关系所进行的一种全面的价值管理活动。通过对资金的运动过程实施管理与控制,达到实现财务控制、促进经营发展、提高经营效益的目的。

一分钱的妙用

做好财务管理要记住三句话:一分钱要当两分钱花(杜绝浪费);一分钱要做两元钱生意(加速资金周转);自己出一分钱,设法让人家(社会)出两元钱、三元钱(利用社会资金)。

理解财务管理的含义要注意以下几点:

(1)财务管理的依据是国家政策法规和资金运动规律。既然资金运动是财务管理的对象,那么财务管理就必然要遵循资金运动的规律,违背规律势必受到规律的惩罚。财务管理涉及利益关系的协调,必须遵循国家政策法规的要求,否则违法就会受到惩罚。

(2)财务管理的对象是资金运动,也就是财务活动及其体现的财务关系。财务管理不同于其他管理活动,它是对资金流的一种管理,因此资金运动成为它关注的核心。

(3)财务管理的性质是一种全面的价值管理。旅游企业各方面生产经营活动的质量和效果,大都可以从资金运动中综合反映出来,而资金是一种价值表现形态,因此它是一种全面的价值管理活动,这是它区别于其他管理的特点所在。

(4)财务管理的主体应是全员,尤其是各级管理者。旅游企业只有建立全员理财系统,才能有效地实现财务管理目标,为此,必须将财务管理与会计核算区分开来,走出财务管理仅由财务部或会计部来完成的认识误区。

(四)旅游企业财务管理的地位

按照系统论的观点,旅游企业是一个由众多子系统构成的大系统,由以下众多子系统构成:战略管理系统、组织设计与运作管理系统、人力资源管理系统、市场营销管理系统、服务管理系统、生产管理系统、质量管理系统、财务管理系统、工程与安全管理系统、科学管理运作系统等。其中财务管理系统处于核心地位,原因是:首先,旅游企业存在于社会上的价值是其能够创造利润。而利润是财务管理的重要目标之一,最大化地创造利润是企业的核心任务。其次，旅游企业各个子系统的运行过程及其结果最终都会反映在价值变化上，如果说各个子系统只反映旅游企业运行的某个方面的话，那么财务管理系统则涵盖了旅游企业运行的方方面面，因为它是一种价值管理，价值无所不在、无所不有，其变化状况是各方面绩效的综合反映。最后，各子系统都有自身的运行目标，但最终都会归结到财务成果最大化上，无论是旅游企业生存、发展、扩张，还是各方面利益关系协调，财务成果目标都是基本的、起决定作用的。

第二节 旅游企业财务管理目标、任务、原则与方法

一、旅游企业财务管理目标

旅游企业财务管理目标是指旅游企业财务活动所要达到的目的，它决定着旅游企业财务管理的基本方向。财务管理目标要体现旅游企业经营管理的目标要求，即以尽可能少的劳动消耗创造尽可能多的经济效益。关于财务管理目标有不同的观点，如利润最大化、资本利润率最大化、每股利润最大化、股东财富最大化、企业价值最大化等。作为一个目标来讲，它既是理财努力的方向，又是衡量理财效果的标准，因此应该由数量指标和质量指标两方面组合而成。综合各方面的观点和我国旅游企业理财环境，旅游企业财务管理目标应该是投资利润率最大化和现金流量最佳化的组合，其中投资利润率最大化反映的是经济效益的数量指标，现金流量最佳化反映的是经济效益的质量指标，两者缺一不可，相辅相成。

理财要有目标

有的人在攀登人生阶梯的过程中，费尽心机，使尽浑身解数，到了梯子顶端一看，发现自己爬错了梯子。

目标是行动的目的，它必须具备明确的方向。

企业理财又何尝不是这样呢？

二、旅游企业财务管理任务

旅游企业财务管理的主要任务是围绕旅游企业经营目标，保证旅游企业在经营活动中制定好财务决策、保障财务控制和实施好财务监督。

（一）制定财务决策

财务决策是旅游企业经营决策的核心内容。因为旅游企业任何经营决策的根本目的在于扩大销售，减少开支，增加收入，提高效益，而这些都依赖于资金的支持和运营，即依赖于资金决策的优劣。资金决策正是财务决策的中心内容。资金决策的中心内容主要包括筹集资金与投放资金两个方面，这是财务管理的两大基本功能。旅游企业做好财务决策需要做好以下两个方面的工作：以经营活动为中心，及时筹措资金，做好财务预算；保证业务经营活动的需要；合理配置资金，降低成本，增加盈利，提高资金使用效果。

(二)保障财务控制

为更好地实施财务决策所确定的目标,旅游企业必须采取各项管理措施对财务活动进行经常、系统的控制。要保证旅游企业的资金投放能获得一定的收益,必须加强经济核算,严格财务控制,努力增收节支,增大利润,保证财务成果的实现。要按国家有关法规制度的规定,正确执行成本开支范围及费用开支标准,及时缴纳各项税金。按规定的顺序合理分配旅游企业的盈利,处理好各种财务关系。

(三)实施财务监督

财务监督是旅游企业财务管理的一个重要方面,它是通过控制财务收支和分析检查财务指标开展的。旅游企业各项经营活动最终都会反映在财务收支上,通过合理控制财务收支,及时发现不合理的财务行为并加以纠正,保证财务收支的正确性,同时通过检查分析财务指标发现各部门的经营状况及资金使用状况,及时纠正不合理现象。财务指标的建立是通过加强财务核算获得的,因此必须建立健全财务核算制度,使财务管理的监督保证作用得以发挥。

三、旅游企业财务管理原则

财务管理原则是旅游企业组织财务活动、处理财务关系的准则,是对财务管理原则的基本要求。具体来说,财务管理的基本原则可以概括为以下几方面:

(一)资金合理配置原则

所谓资金合理配置原则就是通过对资金运动的组织和调节来保证各项资源具有最优化的结构比例关系。从资金来源来说,合理配置自有资金与负债资金的比例关系,构建良好的资金结构,是保证财务稳定性的重要前提;从资金占用来说,合理配置各类资产间的比例关系,保证资金运动的继起和各种形态资金占用的适度是保证旅游企业整体服务质量的资源基础。

(二)收支积极平衡原则

我国西汉时的思想家桑弘羊曾提出"计委量入"的理财思想,主张"量出为入"。这一思想与现代企业融资观念可以说是不谋而合的。

所谓收支积极平衡原则就是努力创造条件去实现经营过程中对资金收支的正常需要。从收支平衡来讲,有消极的方式也有积极的方式,传统上的"量入为出"虽然稳妥,但比较消极;现代经济社会发展变化速度很快,机会也是稍纵即逝,要抓住有利于满足经营扩张的需要,必须具备"量出为入"的积极收支平衡观,对一些关键性的生产经营支出要开辟财源予以支持。这种理财观是一种积极的、动态的收支平衡观,也是促使旅游企业迅速发展壮大的一种理财原则。

(三)成本效益均衡原则

所谓成本效益均衡原则就是要对旅游企业经营活动的所费与所得进行相互联系的思

考。离开效益去谈成本是无目标的,离开成本去谈效益也是缺乏基础的。要注意区分有效成本(有助于效益取得的成本)和无效成本(无助于效益取得的成本),对有效成本要想尽办法大力支持,对无效成本要严格控制。对旅游企业来说,要特别注意服务无形性特点对效益表现形式的影响,处理好有形效益与无形效益、长期效益与短期效益的关系,认清成本与效益的对立统一关系尤为重要。

(四)收益风险均衡原则

所谓收益风险均衡原则就是要求旅游企业要全面客观地认识到,任何财务决策都具有两面性,从而做到决策中要趋利避害,控制风险,提高收益。这里的风险是指获得预期财务成果的不确定性。旅游企业要想获得收益,就不能回避风险,而且通常风险越大的项目收益越高。旅游企业在财务决策与财务活动中,要将收益动机与风险意识结合起来,客观地进行评价和分析,以求在控制财务风险的同时争取获得较多的收益。

(五)分级分权管理原则

所谓分级分权管理原则就是要求按照管理物资同管理资金相结合、使用资金同管理资金相结合、管理责任同管理权限相结合的要求,合理安排旅游企业内部各部门管理上的权责关系。要在加强财务部门集中统一管理的同时,实行各职能部门的分工管理,从而调动各部门管理财务活动的积极性和主动性,为实行全员财务管理奠定制度基础。

掌握集权、分权的"度"是大事

集权可以保持统一意志,但不能调动大家的积极性;分权可以保持个体的主动性和创造性,但容易涣散无力。集权与分权不应该是固定不变的,要根据情况不断调整。理财中要处理好老总"一支笔"管理与分权管理的关系,重在掌握集权与分权的"度"。

例:我国的知名旅游A企业,它有30多个子公司,每一个子公司都有自己的财务、会计,财务都有财权,都是独立的账户。结果因为每一个分支企业都有财权,加之公司管理机制混乱,公司整体费用长年居高不下,利润都被庞大的分支机构稀释掉了。结果老板一气之下撤掉了所有的子公司财权,财务工作由母公司统一管理,所有的会计全部收回母公司,签单的权利只有老板自己。32个子公司都在一个城市,一个人签单当然可以,但问题是他每天都必须花费4~6个小时来签单,加上各部门的审核时间,会计现金支取时间,费用申请往往历时四五天。同时还存在一个问题,由于老板不可能事事躬亲,所以他对于一些费用使用的必要性持怀疑甚至否定态度,这就导致一些极好的生意机会由此丧失了。此外,如果每一个费用申请都是在四五天之后安排,肯定会影响业务的进展。何况在这样一个高度集权的状态下,一个经理人不得不用全部的精力,甚至是120%的精力来管理财务,他自己也失去了提升个人素质、提升公司状况的机会。所以通过这种高度集权的形式想要实现企业分散管理所带来的对企业整体效益的发展,是非常受限制的。①

---

① 梁晓欣.浅析财务管理集权与分权的利弊[J].科技情报开发与经济,2005(22).

从另一个角度来看,分级分权管理也体现了理财的全面性原则,即全员性理财、全过程理财、全环节理财,从而形成纵横交错的全面理财网络,使理财的责、权、利真正落到实处。

(六)利益关系协调原则

所谓利益关系协调原则就是要求旅游企业在进行利益分配时,必须兼顾各方面的利益要求,尽可能地做到分配公平合理,使各方面的利益要求均得到一定体现,为旅游企业更有效地开展经营活动创造良好的关系环境,这也有助于各利益主体更加关心支持旅游企业的经营活动。旅游企业经营活动的开展,离不开各方面的支持与配合,各方面利益关系的协调最终就是财务关系的协调,旅游企业理财活动中必须合理配置财务资源于各个方面,形成和谐共处的生态经营环境。

四、旅游企业财务管理方法

每一个以亿为单位的数字的背后,除了艰辛的创业史外,还有自成体系的理财方式。其实世界上没有传奇,只有不为传奇而努力;其实赚一亿并不难,难的是让理财方式适合自己。

——萧伯纳

旅游企业财务管理方法就是用来组织、指挥、监督和控制财务活动,正确处理财务关系,以实现财务管理目标的手段,概括来说主要有进行财务预测、制定财务决策、编制财务预算、组织财务控制、开展财务分析和实行财务检查等。

(一)进行财务预测

财务预测是根据财务活动的历史资料,考虑现实的要求和条件,对旅游企业未来的财务活动和财务成果进行预计和测算。通过进行财务预测,一方面可以为计划管理提供信息,另一方面可以为财务决策提供依据。进行财务预测的一般步骤:首先,确定预测的目的和对象。预测的目的和对象不同,资料的搜集、方法的选择等也就不同。其次,搜集和整理资料。根据预测的目的和对象,广泛搜集各种有关资料并对资料进行分类汇总,使它们符合财务预测的需要层次,确定计算的方法,选择适当的预测模型进行计算。常见的财务预测的方法包括时间序列分析法、回归直线法、量本利分析法、投资回收期预测法、现金流量法等,此外还要采用一些定性分析法。最后,确定最佳方案。将制定的各种预测方案,进行对比分析研究,确定一个最佳方案,为今后的财务预测工作奠定基础。

(二)制定财务决策

所谓财务决策是指为实现一定财务目标,从两种以上财务可行方案中选择最佳方案的分析判断过程,主要包括筹资决策、投资决策、成本费用决策、利润分配决策等。一般来说,制定财务决策的基本程序包括选择决策目标、拟订多种可行方案、评价优选最佳方案。对于决策目标来说要符合针对性、明确性、全面系统性和可行性的要求,否则制定的财务决策就有可能偏离正确方向。对于最佳方案的筛选则要在实现目标的可达性与实现目标的代价性之间进行权衡,从而达到以最小代价实现决策目标的目的。

(三)编制财务预算

所谓财务预算是一系列专门反映企业未来一定期限内预计财务状况、经营成果以及现金收支等价值指标的各种预算的总称。财务预算一般包括销售预算、成本费用预算、利润预算、现金预算、预计资产负债表等。

旅游企业要完成预定的目标,离不开各部门的密切配合和协调工作,财务预算的编制就是要使各职能部门的员工都清楚地了解,在预算期间应该做些什么,怎样去做,从而保证旅游企业整体运作的协调性和完整性。财务预算是在预测基础上通过预算草案的编制及反复不断修正后才得以确定的,这样才能作为考核的依据和衡量的标准。

(四)组织财务控制

所谓财务控制就是以财务预算指标和各项定额为依据,对资金的收入、支出、占用、耗费等进行计算和审核,找出差异,采取措施,以保证预算指标实现的一系列活动。做好财务控制,第一要制定控制标准,制定出成本费用定额和资金定额,实行定额管理,结合各项定额将财务预算指标分解落实到各部门、班组以至个人;第二要执行标准,按照标准控制投放量;第三要寻找差异,将标准与实际发生额进行对比,找出差异,对不符合标准的支出予以限制;第四要消除差异,对不利的因素采取措施予以消除;第五要实施奖惩,区分不同的责任中心,对预算完成优秀的部门或个人予以奖励,对在可控范围内没有完成预算标准的部门或个人予以处罚。

落实各岗位 OEC 管理

所谓 OEC 管理即 Overall Every Control and Clear 管理,其含义是:O——Overall(全方位);E——Everyone and Everything and Everyday(每人、每件事、每天);C——Control(控制);C——Clear(清理)。

(五)开展财务分析

所谓财务分析就是以会计核算资料为主要依据,对旅游企业财务活动的过程和结果进行分析对比,对预算完成情况及财务状况做出评价,提出改进的措施。通过财务分析,一方面可以掌握财务预算的完成情况,发现影响财务成果实现的因素及影响程度;另一方面可以总结经验、发现问题,为下一轮财务预算工作的改善提供依据。

(六)实行财务检查

所谓财务检查就是以核算资料为主要依据,对旅游企业经济活动和财务收支的合理性、合法性、有效性进行检查,这是实现财务监督的主要手段之一。要将财务检查持久化和制度化,要教育财务管理人员遵纪守法,在合法前提下谋求利润最大化,降低财务损失程度。

互联网"十变"财务管理

会计功能扩大化;数据搜集分散化,管理集中化;财务信息搜集处理动态化、实时化;财务信息无纸化;结算支付电子化;财务与其他业务协同化;决策支持群体化;财务工作方式网络化;财务部门扁平化;财务工具 Web 化。

本章小结

旅游企业财务管理是指旅游企业利用货币形式，根据国家政策法规和资金运动规律，组织财务活动和处理财务关系所进行的一种全面的价值管理活动。财务管理的依据是国家政策法规和资金运动规律，财务管理的对象是资金运动，也就是财务活动及其体现的财务关系。财务管理的性质是一种全面的价值管理，财务管理的主体应是全员，尤其是各级管理者，旅游企业只有建立全员理财系统，才能有效地实现财务管理目标。

按照系统论的观点，旅游企业是一个由众多子系统构成的大系统，其中财务管理系统处于核心的地位，无论是旅游企业生存、发展、扩张，还是各方面利益关系协调，财务成果目标都是基本的、起决定作用的。

旅游企业财务管理目标是指旅游企业财务活动所要达到的目的，它决定着旅游企业财务管理的基本方向。综合各方面的观点和我国旅游企业理财环境，旅游企业财务管理目标应该是投资利润率最大化和现金流量最佳化的组合。其中投资利润率最大化反映的是经济效益的数量指标，现金流量最佳化反映的是经济效益的质量指标，两者缺一不可、相辅相成。

旅游企业财务管理的主要任务是围绕旅游企业经营目标，保证旅游企业在经营活动中制定好财务决策、保障好财务控制和实施好财务监督。

为更好地实现财务管理目标，旅游企业必须遵循一系列财务管理原则，这些原则主要包括资金合理配置原则、收支积极平衡原则、成本效益均衡原则、收益风险均衡原则、分级分权管理原则、利益关系协调原则。

要实现旅游企业财务管理目标，必须在坚持理财原则的基础上，采用正确的理财方法，如进行财务预测、制定财务决策、编制财务预算、组织财务控制、开展财务分析、实行财务检查等。

思考与练习

1. 如何理解旅游企业财务管理的基本内涵？
2. 为何协调好旅游企业财务关系如此重要？处理不好各种财务关系会产生什么后果？
3. 结合旅游企业经营特点，谈谈你对全员理财系统建设重要性的认识。
4. 如何理解旅游企业财务管理的目标？
5. 旅游企业财务管理的主要任务是什么？如何实现这一任务？

案例分析

雪乡如何保持纯洁①

2013年,"中国雪乡"因为《爸爸去哪儿》节目闻名全国,"中国雪乡"成为黑龙江冬季旅游的一张新名片。然而,这个刚刚打造了一年多的旅游品牌,在2015年初遭遇了一场舆论"寒流",面临巨大的公共危机。

网友"乘风"发布的帖文称,一名贵阳游客前往雪乡旅游,入住一个带卫生间的标准间,每天收费3 200元,一桶方便面售价15元,加开水则要价10元。"多说一句,老板就会把客人轰出去"。在雪乡景区附近开旅店的王女士说,雪乡旅游的旺季只有冬季几个月,各个家庭旅店都趁这个时候涨房价,最贵时能到每人350元左右,但对于"天价土炕",她表示并不知情。黑龙江新天地国际旅行社副总经理王梅林表示,雪乡景区的确增加了很多自费项目,旅游旺季期间的房价也"水涨船高",周末可达到每人两三千元。对此,游客的反响不是很好,目前从黑龙江省内出发去雪乡的团队游市场也受到影响。网友反映,旺季雪乡大部分商家的价格确实很贵。网友"甜蜜的吻"说,为了去看《智取威虎山》的拍摄地,她和男友准备了6 000元在雪乡玩3天,"床位每人110元,赶上周末每人300元"。

针对此次事件,雪乡景区管委会展开了一次全方位的清理整顿工作。同时积极同旅游者联系沟通,严厉惩治"害群之马",还雪乡旅游一片"洁白"。

2015年1月20日,雪乡景区管委会召开紧急会议,专题研究帖文涉及的问题,根据帖文中提供的信息及配图,与景区内相似的家庭旅馆及场景进行详细比对,以找出问题商户。同时派出多个工作小组寻访、查找帖文中可能涉及的具体经营者,并认真做好询问笔录归档。"作为景区管理部门,我们一定会认真地听取各界的意见,对帖子提及的内容进行认真查证,一经查实,将依据相关规定,对相关涉事业户、人员严格处罚,绝不姑息迁就。"黑龙江省大海林林业局党委宣传部部长崔玉华说。雪乡景区管委会将组织联合检查组,对景区家庭旅馆超范围经营、食品卫生不良、宰客等违法违规行为进行大检查、大整顿,并派驻旅游、工商、物价、卫生等部门对景区进行常态化管理,为广大旅游者营造一个良好的旅游环境。

此外,景区还与同程、携程旅行合作,开通了公开透明的网上订票、订房渠道,对景区内经营业户建立诚信档案,进一步完善了《雪乡风景区家庭旅馆管理规定》,制定了《雪乡国家森林公园家庭旅馆星级评定方法》。作为雪乡景区管委会的上级主管部门,黑龙江省森林工业总局已经成立由旅游、物价、安全、质监、交通等部门组成的联合工作组,于今日到达雪乡,协助调查、监督、改进景区市场运营及管理工作。截至2015年1月30日,记者从雪乡景区管委会了解到,目前已叫停部分存在争议的收费项目,现在梦幻家园除二人转和滑雪圈正常收费外,380元的门票已被叫停。此外,梦幻家园旁边的"农家小院",50元的门票收费被叫停。

---

① 张美秋.还雪乡景区一片"洁白"[N].中国旅游报,2015-01-30.

针对网友反映的关于家庭旅馆菜价高的问题,雪乡景区管委会表示,将对全区家庭旅馆的餐饮标准及价格再进行大整顿,明码实价,张贴上墙,杜绝个别经营者随意乱涨价。在景区最明显处的电子展示屏上,加大对景区新建民俗自助餐厅、雪乡生活服务超市以及旅游产品展销中心的宣传力度,借助这些货真价实、明码标价的消费品来平抑雪乡物价。崔玉华介绍,在景区三个出入口明显位置,均设有标注了投诉举报电话的公示牌,即便是家庭旅馆也会张贴举报电话。雪乡提醒广大游客,在景区内一旦遇到欺诈行为,随时可向景区管委会、游客服务中心、派出所、执法大队等部门投诉举报。游客反映的导游服务态度、服务质量问题,可以保留相关证据,在返回哈尔滨时,投诉到哈尔滨旅游执法部门,或到黑龙江省旅游执法部门进行投诉。

哈尔滨市社会科学院旅游发展研究所副研究员彭巍表示,旅游高收费、乱收费现象曾经在多地的旅游活动中被曝光,但是迄今为止,类似现象还是屡屡发生。造成这种现象的原因其实并不复杂,制度层面有之,市场层面亦有之。"我们不难发现,雪乡旅游的发展缺少一些必要的环节,一个品牌产品的打造需要有完善的配套基础设施,有严格的法制环境,有完善的管理服务,更要经历一个成熟的市场培育过程。"彭巍说,雪乡旅游凭借对高禀赋资源的开发,在成功的营销宣传策略下迅速蹿红。而其相应的配套设施、完善的管理服务以及成熟的市场培育没能迅速跟进,在大量旅游者涌入的情况下,雪乡的农家经营者面对巨大利润诱惑,人的趋利心理最终导致个别经营者丧失淳朴的本性,这是造成"雪乡事件"的主要原因。彭巍认为,"雪乡事件"给我们带来了这样一些启示:保护一个品牌要付出比培育一个品牌更多的努力。雪乡旅游在短短的一年中迅速崛起,我们在看到其蓬勃发展的同时,更要善于去发现其发展过程中出现的问题,在不断修正问题的过程中去培育和呵护发展中的新品牌,要用科学发展的理念来引领旅游发展。发展旅游要从制度层面做好管理服务,雪乡旅游管理部门不仅要做好资源的科学开发和使用,更要为品牌的塑造提供一系列政策保障,对品牌产品的常态化进行监管。

"雪乡事件"启发我们要尊重市场选择。雪乡旅游管理部门应该利用这次"公共危机",尊重市场选择,实行优胜劣汰,把不适合在"雪乡旅游"市场中存在的因素剔除掉,为这个品牌营造良好的发展环境。

思考问题:
1. 如果你是雪乡所在地的地方政府部门官员,如何看待雪乡保护与开发的关系?
2. 如果你是旅游项目开发的投资者,如何处理定价决策?采用什么样的定价策略才能使项目投资回报最大化与持久化?
3. 如果你是雪乡社区中的一员,赞同低价扩大销售量还是高价限制销售量?

课外延展

1. 收集不同案例,用正反两方面实例说明理财中协调好各方面财务关系的重要性。

2. 结合旅游企业实际,分析旅游企业财务管理中哪些行为是违背理财基本原则的,带来的危害是什么?

第二章

企业财务管理时间价值观念

学习目标

通过本章的学习,掌握资金时间价值和资金风险价值的基本含义及表现形式;掌握资金时间价值的单利和复利计算方法,掌握资金风险价值的计算方法;能够运用资金时间价值原理和资金风险价值原理进行有关的财务分析与财务决策。资金时间价值和资金风险价值是财务管理中两个重要的基础性概念,对于筹资管理、投资管理、成本及收益管理都有十分重要的影响。

学习重点

通过本章学习,重点掌握以下知识要点:

1. 资金时间价值的内涵;
2. 资金时间价值的计算;
3. 资金风险价值的概念及计算。

关键概念

时间价值　资金时间价值　复利　年金　资金风险价值

第一节 资金时间价值

一、资金时间价值的概念

资金时间价值指一定量的货币资金在不同的时点上的价值量的差额。货币会由于时间的推移在周转使用中发生价值上的变化，这一差额价值就是货币时间价值。货币时间价值是资金在周转使用中产生的，是资金所有者让渡资金使用权而参与社会财富分配的一种形式。资金时间价值可从两个方面加以衡量：理论上，资金时间价值相当于没有风险、没有通货膨胀条件下的社会平均利润率。实际上，当通货膨胀很低的情况下，可以用政府债券利率来表示资金时间价值。如果考虑了风险，增加的价值就包括两个部分，即无风险情况下的价值和冒风险后多出来的价值。

资金时间价值产生的前提是商品经济的高度发达和借贷关系的普遍存在，是货币资金在价值运动中形成的一种客观属性。任何社会，只要存在着货币资金所有权与使用权分离的现象，即存在借贷关系的话，就必然存在时间价值及在各种决策中不同时点上资金的换算需求，因而它也成为在旅游企业财务管理中必不可少的计量手段。

资金时间价值的表现方式既可以是绝对值（利息），也可以是相对值（利息率），通常以相对值表示时间价值的高低。经营者用从资本所有者那里获得的资金进行生产经营活动，获得了利润，需要从中分一部分给资本所有者作为报酬，资本借用时间越长，付出的报酬就越多，这种报酬就是利息。而利息率则是一定时间内利息量与借贷资本量的比率。

趣味小故事　　拿破仑的玫瑰诺言

1797年3月，拿破仑偕同新婚妻子约瑟芬参观了卢森堡大公国第一国立小学。在那里，他们受到全校师生的热情款待，拿破仑夫妇很过意不去。

在辞别的时候，拿破仑慷慨、豪爽地向该校校长送上一束价值三个金路易的玫瑰花。他说："为了答谢贵校对我，尤其是对我夫人约瑟芬的盛情款待，我不仅今天呈上一束玫瑰花，并且在未来的日子里，只要我们法国存在一天，每年今天我将亲自派人送给贵校一束价值相等的玫瑰花，作为法兰西与卢森堡友谊的象征。"

事过境迁，疲于连绵不断的战争和此起彼伏的政治事件，最终惨败而被流放的拿破仑，把青年时代在卢森堡的许诺忘得一干二净，可卢森堡这个小国却把这段"欧洲巨人与卢森堡孩子亲切和睦相处的一刻"载入史册。

1984年底，这件相隔百年的轶事却给法国惹出一个大麻烦——卢森堡通知法国政府，提出了"玫瑰花悬案"之索赔。要求：要么从一七九七年起，用三个金路易作为一束花的本金,按五厘复利息(即利滚利)结算,全部清偿这笔玫瑰花外债;要么法国各大报纸承认拿破仑是言而无信的小人。

起初,法国政府认为"法国的一代天骄之荣誉,岂可被区区小事诋毁?"打算不惜重金赎回拿破仑的荣誉。但是,财政部门官员看着从电子计算机里输出的数据时,不禁面面相觑,叫苦不迭。原本三个金路易的"玫瑰花债项"核算的本息竟高达一百三十七万五千五百多法郎。经过一番苦思苦想,法国人用如下的措辞获得了卢森堡公民的谅解:今后,无论在精神上还是在物质上,法国将始终不渝地对卢森堡公国中小学教育事业予以支持与赞助,来体现我们的拿破仑将军一诺千金的玫瑰花"许诺"。

经过反复斟酌,法国政府终于给出了一个令双方都满意的解决方案:第一,马上给卢森堡第一国立小学建一座现代化的教学大楼,这所小学的毕业生将来如果愿意到法国留学,一切费用将由法国政府提供;第二,以后无论在精神上还是在物质上,法国政府将坚定不移地支持卢森堡的中小学教育事业,以弥补当年拿破仑的食言之过。

一场跨越了两百年的等待终于画上了圆满的句号。从此,卢森堡第一国立小学的大门口竖立起了一座玫瑰花束的雕塑,雕塑的下方刻着"1797—1984 年"字样。

二、资金时间价值的计算

由于资金具有时间价值,一定量的资金必须赋予相应的时间,才能表达其确切的量的概念。两笔金额相同的资金,由于发生在不同时间,其价值是不相等的。为了便于分析和比较,需要把不同时点发生的金额换算成同一时点的金额。把将来某一时点的金额换算成与现在时点相等值的金额,这一换算过程叫"折现",折现到现在时点的资金的价值称为"现值"。与现值等价的未来某时点的资金的价值称为"终值"。

资金时间价值从计算方法上分单利计算和复利计算;从计算目的上分为现值计算和终值计算;从计算的资金类型上分为一次性资金投放与产出和年金投放与产出。由于单利计算比较简单,这里只概括介绍,而重点是将终值与现值计算以及一次性资金与年金分别组合起来进行阐述。

(一)按单利计算

这是一种只按本金计算利息,每期利息并不加入本金中增算利息的计算方法。

设 S 为终值,即本利和;PV 为现值,即本金;I 为利息;i 为利率;n 为计息期数。

则　　　　　　　　单利＝本金×利率×计息期数

即　　　　　　　　　　$I = PV \times i \times n$

　　　　　　　　　　　终值＝本金＋利息

即　　　　　　　　$S = PV + I = PV(1 + i \times n)$

【例2-1】某旅行社存入银行周转性资金5万元,年利率为4%,问2年后这笔资金的终值

是多少?

$$S = PV(1+i \times n)$$
$$= 5 \times (1+4\% \times 2)$$
$$= 5.4(万元)$$

5万元存入银行2年后的终值是5.4万元。

【例2-2】天涯旅行社现存入银行10 000元,利率为5%,3年后取出。则在单利方式下,每年的终值分别为多少?

$$F_1 = 10\ 000 \times (1+5\%) = 10\ 500(元)$$
$$F_2 = 10\ 000 \times (1+2 \times 5\%) = 11\ 000(元)$$
$$F_3 = 10\ 000 \times (1+3 \times 5\%) = 11\ 500(元)$$

(二)按复利计算

1. 复利终值计算

复利终值是指现时一定量的资金按照复利计息方式计算的在未来某一时点的本利和。复利终值的计算公式为:

$$F = P(1+i)^n$$

式中:$(1+i)^n$ 称为"复利终值系数"或"1元复利终值系数",用符号 $(F/P,i,n)$ 表示。其数值可以通过查阅"1元复利终值系数表"获得。如 $(F/P,7\%,5)$ 表示利率为7%,期限为5年的复利终值系数。在"1元复利终值系数表"可查到 $(F/P,7\%,5) = 1.402\ 6$,该系数表明在年利率为7%的条件下,现在的1元与5年后的1.402 6元相等。

从公式中可以看出,复利终值与利息率、计息期成正比关系。

【例2-3】四海旅行社于年初把闲置的资金20万元存入银行,年利率5%,请计算第二年年底和第三年年底的复利终值。

$$第二年年底的复利终值 = 20 \times (1+5\%)^2$$
$$= 20 \times (F/P,5\%,2)$$
$$= 20 \times 1.102\ 5$$
$$= 22.05(万元)$$
$$第三年年底的复利终值 = 20 \times (1+5\%)^3$$
$$= 20 \times (F/P,5\%,3)$$
$$= 20 \times 1.157\ 6$$
$$= 23.152(万元)$$

【例2-4】顺发旅游交通公司将100万资金投资于预期报酬率为6%的一个旅游项目,经过几年后该企业能获得原投资额2倍的资金?

$$F = P(1+i)^n = 100 \times (1+6\%)^n = 200$$

化简得 $(1+6\%)^n = 2$,也即 $(F/P,6\%,n) = 2$

查"1元复利终值系数表",在 $i=6\%$ 这一列中找到与2最接近的两个值:

当 $n=11$ 时,复利终值系数为1.898 3,当 $n=12$ 时,复利终值系数为2.012 2。根据插值法原理,列出以下等式:

$$\frac{n-11}{12-11}=\frac{2-1.898\ 3}{2.012\ 2-1.898\ 3}$$

计算上式,$n\approx 11.89$,

即经过11.89年后该企业能获得原投资额2倍的资金。

【例2-5】凯达旅业集团将50万资金投资于一个快艇项目,计划5年后收回100万资金,则该项目的最低投资报酬率为多少?

$$F=50\times(1+i)^5=100$$
$$(1+i)^5=2$$

查"1元复利终值系数表"。在 $n=5$ 这一行中找到与2最接近的两个值为1.925 4和2.011 4,对应的利率分别为14%和15%。

根据插值法原理,列出以下等式:

$$\frac{i-14\%}{15\%-14\%}=\frac{2-1.925\ 4}{2.011\ 4-1.925\ 4}$$

计算上式,得 $i\approx 14.867\%$,

即当该项目的最低投资报酬率为14.867%时,才能于5年后收回100万资金。

2.复利现值的计算

复利现值是复利终值的逆运算,指在未来某一特定时间取得或支出一定数额的资金,按复利折算到现在的价值。其计算公式为:

$$P=F(1+i)^{-n}$$

式中:$(1+i)^{-n}$ 称为"复利现值系数"或"1元复利现值系数",用符号 $(P/F,i,n)$ 表示,可以直接查阅"1元复利现值系数表"获得。如 $(P/F,5\%,5)$ 表示利率为5%,期限为5年的复利现值系数。在复利现值系数表上可查得 $(P/F,5\%,5)=0.783\ 5$。该系数表明,在年利率为5%的条件下,5年后的1元等于现在的0.783 5元。

很明显,复利终值系数与复利现值系数互为倒数关系。

【例2-6】佳信旅游公司欲在6年后获得本利总额800 000元,投资报酬率为10%,则在复利计息方式下,该企业现在应投入多少元?

$$\begin{aligned}P&=800\ 000\times(1+10\%)^{-6}\\&=800\ 000\times(P/F,10\%,6)\\&=800\ 000\times 0.564\ 5\\&=451\ 600(元)\end{aligned}$$

(三)名义利率与实际利率的换算

利息在1年内要复利几次时,给出的年利率称为名义利率,用 r 表示;而根据名义利率

计算出的每年复利一次的年利率称为实际利率,用 i 表示。名义利率和实际利率的关系是:

$$i=(1+r/m)^m-1$$

式中:m 表示每年复利的次数。显然,当 $m=1$ 时,$i=r$。

【例 2-7】万客来餐饮有限公司将 10 万元投资于一个为期 5 年的项目,年利率 12%,每季度复利一次,计算其终值和复利利息。

$$F=100\ 000(1+12\%/4)^{5\times4}$$
$$=100\ 000(1+3\%)^{20}$$
$$=100\ 000\times1.806\ 1$$
$$=180\ 610(元)$$
$$I=180\ 610-100\ 000$$
$$=80\ 610(元)$$

若该例中计息期改为每年复利一次,则

$$F=100\ 000(1+12\%)^5$$
$$=100\ 000\times1.762\ 3$$
$$=176\ 230(元)$$
$$I=176\ 230-100\ 000$$
$$=76\ 230(元)$$

显然,当 1 年内复利几次时,实际得到的利息要比按名义利率计算的利息高,实际利率也要高于 12%,其计算如下:

$$i=(1+12\%/4)^4-1$$

(四)年金终值和现值

年金是指一定时期内每期等额收付的系列款项,通常记作 A,它具有等额性、定期性、系列性等特点。年金的形式多种多样,利息、折旧、租金、保险费、养老金、等额分期收付款以及零存整取储蓄等等,都属于年金问题。

年金按收付发生的时点和延续的时间长短的不同,可分为普通年金、即付年金、递延年金和永续年金。其中,最基本的是普通年金。其他类型年金的计算可在普通年金的基础上调整得出。

年金终值是指一定时期内每期等额发生款项的复利终值的累加和;年金现值是指一定时期内每期等额发生款项的复利现值的累加和。年金终值和现值的计算一般采用复利计算方法。

1. 普通年金的终值

普通年金是指一定时期内每期期末等额收付的系列款项,又称后付年金。如图 2-1 所示。

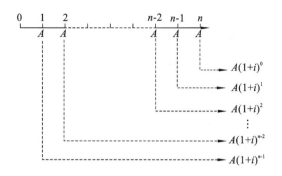

图 2-1 普通年金

普通年金终值犹如零存整取的本利和,它是一定时期内每期期末等额收付款项的复利终值之和。

设:A 为每年收付的年金;i 为利息率;n 为计息期数;F 为年金终值。由图 2-1 可知,普通年金终值的计算公式为:

$$F = A(1+i)^0 + A(1+i)^1 + A(1+i)^2 + \cdots + A(1+i)^{n-2} + A(1+i)^{n-1} \quad (1)$$

将式(1)两边同时乘以 $(1+i)$ 得(2)

$$F(1+i) = A(1+i)^1 + A(1+i)^2 + A(1+i)^3 + \cdots + A(1+i)^{n-1} + A(1+i)^n \quad (2)$$

将式(2)减去式(1)得到:

$$F = A\frac{(1+i)^n - 1}{i} \quad (3)$$

式(3)中 $\frac{(1+i)^n - 1}{i}$ 称为"年金终值系数",记 $(F/A, i, n)$,可直接查阅"1元年金终值表"。

【例 2-8】悦丽酒店准备在今后 6 年内,每年年末从利润留成中提取 50 000 元存入银行,计划 6 年后将这笔存款用于建造某一福利设施。若年利率为 8%,则 6 年后共可以积累多少资金?

$$F = 50\ 000 \times (F/A, 8\%, 6)$$
$$= 50\ 000 \times 7.335\ 9$$
$$= 366\ 795(元)$$

2. 普通年金现值

普通年金的现值是指一定时期内每期期末等额收支款项的复利现值之和。即为了在每期期末取得或支出相等金额的款项,现在需要一次投入或借入多少金额,年金现值用 P 表示。普通年金现值的计算情况可用图 2-2 加以说明。

由图 2-2 可知,普通年金现值的计算公式为:

$$P = A(1+i)^{-1} + A(1+i)^{-2} + A(1+i)^{-3} + \cdots + A(1+i)^{-(n-1)} + A(1+i)^{-n} \quad (4)$$

将式(4)两边同时乘以 $(1+i)$ 得式(5)

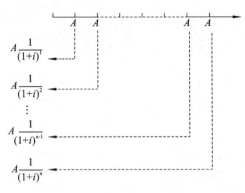

图 2-2 普通年金现值

$$P(1+i) = A + A(1+i)^{-1} + A(1+i)^{-2} + A(1+i)^{-3} + \cdots + A(1+i)^{-(n-2)} + A(1+i)^{-(n-1)} \tag{5}$$

将式(5)减去式(4)得到：

$$F = A\frac{1-(1+i)^{-n}}{i} \tag{6}$$

式(6)中：$\frac{1-(1+i)^{-n}}{i}$ 称为"年金现值系数"，记 $(P/A,i,n)$，可直接查阅"1 元年金现值系数表"。

【例 2-9】天和旅行社准备在今后的 8 年内，每年年末发放奖金 100 000 元。若年利率为 10%，问该企业现在需向银行一次存入多少钱？

$$P = 100\,000 \times (P/A, 10\%, 8) = 100\,000 \times 5.334\,9 = 533\,490(元)$$

3. 即付年金终值

即付年金是指一定时期内每期期初等额收付的系列款项，又称先付年金。可以看出先付年金与普通年金的付款次数相同，但由于付款时点不同，即付年金终值比普通年金终值多计算一期利息。因此，在普通年金终值基础上乘以 $(1+i)$ 就是即付年金的终值，计算公式为：

$$F = A\frac{(1+i)^{n+1}-1}{i} - 1$$

式中：$\frac{(1+i)^{n+1}-1}{i} - 1$ 称为"年金终值系数"，记 $[(F/A,i,n+1)-1]$，可直接查阅"1 元年金终值系数表"的 $(n+1)$ 期终值，减去 1，得到即付年金终值系数。

【例 2-10】双龙游船公司决定连续 10 年于每年年初存 20 万，银行存款利率为 8%，则该公司在第 10 年年末的本利和应为多少？

$$\begin{aligned}F &= A[(F/A,i,n+1)-1] \\ &= A[(F/A,8\%,11)-1] \\ &= 20 \times (16.645-1) \\ &= 312.9(万元)\end{aligned}$$

或

$$F = A(F/A, i, n)(1+i)$$
$$= 20 \times (F/A, 8\%, 10) \times (1+8\%)$$
$$= 20 \times 14.487 \times 1.08$$
$$= 312.9192(万元)$$

4. 即付年金现值

同理,即付年金与普通年金的付款次数相同,但由于付款时点不同,即付年金现值比普通年金现值多折现一期。因此,在普通年金现值的基础上乘上$(1+i)$就是即付年金的现值。

【例 2-11】兴盛酒店准备在今后的 10 年内,每年年初发放奖金 100 000 元。若年利率为 6%,问该酒店现在需向银行一次存入多少钱?

$$P = A[(P/A, i, n-1) + 1]$$
$$= 100\ 000 \times (6.801\ 7 + 1)$$
$$= 780\ 170(万元)$$

或

$$P = A(P/A, i, n)(1+i)$$
$$= 100\ 000 \times (P/A, 6\%, 10) \times (1+6\%)$$
$$= 100\ 000 \times 7.360\ 1 \times 1.06$$
$$= 780\ 170.6(万元)$$

5. 递延年金终值

递延年金是指第一次收付款发生时间不在第一期,而是隔若干期后才在以后的每期期末发生的一系列收支款项。递延年金是普通年金的特殊形式,凡不是从第一期开始的普通年金都是递延年金。

递延年金终值与普通年金终值计算方法是一样的,其终值大小与递延期无关,其计算公式为:

$$F = A(F/A, i, n)$$

【例 2-12】靓影旅游纪念品公司与其他企业共同开发一项新产品,预计该项目从第四年开始进入盈利期,该公司每年末可收回资金 20 万元,合作期 10 年。设银行存款利率为 10%,则至合作期满该公司可获取资金的本利和是多少?

$$F = 20 \times \frac{(1+10\%)^7 - 1}{10\%}$$
$$= 20 \times (F/A, 10\%, 7)$$
$$= 20 \times 9.487\ 2$$
$$= 189.744(万元)$$

6. 递延年金现值

设最初有 m 期没有收付款项,后面 n 期每年末有等额的系列收付款项,则递延年金的现

值为后几期年金折现到 m 期第一期期初的现值。

递延年金的现值可用三种方法来计算。

方法一：把递延年金视为 n 期的普通年金，求出年金在递延期期末 m 点的现值，再将 m 点的现值作为终值折现到 m 期的第一期期初，公式如下：

$$P = A(P/A,i,n)(P/F,i,m)$$

方法二：求出 $m+n$ 期普通年金的现值，减去未发生年金收付的前 m 期普通年金现值，即得到延期 m 期的递延年金现值。计算公式为：

$$P = A[(P/A,i,m+n)-(P/A,i,m)]$$

方法三：先算出 n 期末递延年金的终值。再将终值折算到 m 期的第一期期初，即可求得递延年金的现值。公式如下：

$$P = A(F/A,i,n)(P/F,i,m+n)$$

【例 2-13】启航酒店集团年初投资一个项目，第 5 年进入盈利期，预计从第 5 年开始每年年末取得 100 万元收益，投资期限为 10 年。假定年利率为 6%。则该集团年初至少投资多少资金才可行？

方法一：

$$P = 100 \times (P/A,6\%,6) \times (P/F,6\%,4)$$
$$= 100 \times 4.917\ 3 \times 0.792\ 1$$
$$= 389.499\ 333(万元)$$

方法二：

$$P = 100 \times [(P/A,6\%,10)-(P/A,6\%,4)]$$
$$= 100 \times (7.360\ 1 - 3.465\ 1)$$
$$= 389.5(万元)$$

方法三：

$$P = 100 \times (F/A,6\%,6) \times (P/F,6\%,10)$$
$$= 100 \times 6.975\ 3 \times 0.558\ 4$$
$$= 389.500\ 752(万元)（因涉及小数，计算结果存在微小值差）$$

7. 永续年金现值

永续年金是无限期等额收付的特种年金，是普通年金的一种特殊形式，即期限趋于无穷的普通年金。

一些无期债券的利息及优先股股利（股利固定且无到期日）可以视作永续年金。由于永续年金的期限趋于无限，没有终止时间，因此没有终值，只有现值。

永续年金的现值即当 n 趋于无穷时普通年金的现值。

第二节 资金风险价值

一、风险的含义

风险是指一定条件下、一定时期内,某一项行动具有多种可能而结果不确定。如果某一行动的结果是确定的,就不存在风险。要准确理解风险的含义,需注意以下几点:

(1)风险是客观存在的,是不以人的意志为转移的。风险的客观性主要基于两点:一是缺乏信息;二是决策者不能控制事物的未来状况(如经济环境、经济政策及供求关系的变化等)。

(2)风险是一定条件下的风险。投资的时间、对象及数量不一样,风险也是不一样的。这些问题一旦确定下来,风险大小就无法改变了,比如投资股票的风险要大于购买国库券的风险。

(3)风险的大小随着时间延续而变化,是"一定时期内"的风险。

(4)严格来讲,风险与不确定性是有区别的:风险是事先可以知道某一行动所有可能的结果及每种结果出现的概率(如掷硬币),而不确定性则是事先不知道某一行动所有可能的结果,或虽知道所有可能的结果但不知道它们出现的概率(如买股票);风险和不确定性的差别主要在于程度的不同,因两者很难严格界定,所以在实务中,往往对风险和不确定性不作区分。

(5)风险可能给投资人带来超出预期的收益,也可能带来超出预期的损失。从财务的角度来看,风险主要指无法达到预期报酬的可能性。

二、风险的分类

(一)市场风险

市场风险是指影响所有企业的风险。它由企业的外部因素引起,企业无法控制、无法分散,涉及所有的投资对象,故又称系统风险或不可分散风险。战争、暴力冲突、自然灾害、利率变动、通货膨胀、经济周期的变化等都属于这一类风险。

(二)企业特有风险

企业特有风险是指发生于个别企业的特有事件造成的风险。它是随机发生的,只与个别企业和个别投资项目有关,不涉及所有企业和所有项目,可以通过多元化投资来分散,又称非系统风险和可分散风险。如产品开发失败、销售份额减少、工人罢工等。

根据形成原因的不同,企业特有风险可以分为经营风险(商业风险)和财务风险(筹资风险)。

1.经营风险

经营风险也叫商业风险,是指生产经营的不确定性带来的风险。经营风险可能来源于企业外部条件的变动,也可能来源于企业内部。来源于外部的经营风险主要包括经济形势、市场供求、市场价格、税收的变化以及竞争状态和物价上涨等;来源于企业内部的风险主要有生产成本、生产技术、产品结构、设备利用率、劳动生产率及原材料使用率等的变动,以及企业管理水平和应变能力等。

2.财务风险

财务风险是指由于企业举债而给财务成果带来的不确定性,是筹资决策带来的风险,也叫筹资风险。这种风险不仅表现在企业要承担还本付息的法律责任,还表现在企业息税前资金利润率低于借入资金利息率时对自有资金的占用所导致的自有资金利润率的降低。一旦企业不能偿还到期债务,企业便会陷入财务困境,并面临诉讼甚至破产的威胁。财务风险只是加大了经营风险,没有经营风险就没有财务风险。

三、风险的计算

(一)确定概率分布

所谓概率是指某一事件的某种后果可能发生的机会,如某一旅行社一项投资的收益率为 11% 的概率为 0.5,就意味着该旅行社获得 11% 的投资收益率的可能性是 50%。若将所有可能发生的结果列示在一起,就构成了概率分布。

如果以 P_i 表示概率,以 n 表示可能出现的所有结果的个数,则任何概率分布都必满足两个条件:第一,所有的概率都在 0—1 之间;第二,所有结果的概率之和等于 1。

(二)计算预期收益率

$$K = \sum_{i=1}^{n} k_i p_i$$

式中:K 为预期收益率;K_i 为第 i 种可能结果的预期收益率;P_i 为第 i 种可能结果发生的概率;n 为可能结果的个数。

(三)计算标准离差与标准离差率

所谓标准离差是指各种可能的收益率偏离预期收益率的综合差异,是反映离散程度的一种量度。标准离差越大,投资收益变动就越大,投资的风险也就越大,因此可以将标准离差的大小看作投资风险大小的具体标志。标准离差的计算公式如下:

$$\delta = \sqrt{\sum_{i=1}^{n}(K_i - K)^2 \times P_i}$$

式中:δ 为标准离差;K_i 为第 i 种可能结果的预期收益率;P_i 为第 i 种可能结果发生的概率;n 为可能结果的个数。

标准离差虽然可以说明投资风险的大小,但是对于预期收益率较为悬殊的投资风险却难以比较,因此有必要通过标准离差率的计算来进行衡量。标准离差率是指标准离差与预期收益率的比值,计算公式为:

$$V = \delta/K \times 100\%$$

标准离差率越大,投资收益变动越大,投资的风险也就越大;反之亦然。

(四)计算风险收益率

用标准离差率虽然可以评价投资风险的大小,但是它毕竟不是风险收益率。要计算风险收益率,必须首先确定风险价值系数,它是将标准离差率转换为风险收益率的一种系数或倍数,其大小的确定通常有以下几种方法:第一种方法是由投资者根据以往的同类项目加以确定;第二种方法是由旅游企业领导或有关专家根据主观经验加以确定;第三种方法是由国家组织有关专家确定各行业的风险价值系数。

风险价值系数的高低与决策者对风险的认识和承受风险的能力有密切关系。一般来说,收益与风险是成正比关系的,那些敢于冒风险的旅游企业,为了追逐更高的投资收益,往往将风险价值系数定得较低,相反则定得较高。

风险收益率的计算公式如下:

$$风险收益率 = 风险价值系数 \times 标准离差率$$

即

$$R = b \times V$$

式中:R 为风险收益率;b 为风险价值系数;V 为标准离差率。

投资收益率为:

$$K = R_r + R = R_r + b \times V$$

式中:K 为投资收益率;R_r 为无风险投资收益率;R 为风险投资收益率。

(五)计算预测的投资收益率,以权衡投资方案是否可取

为了判断某一投资方案的优劣,可以将预测风险收益率与计算的应得风险收益率进行比较。由于无风险收益率(资金时间价值)是已知的,根据无风险收益率和预测投资收益率,就可求得预测风险收益率:

$$预测风险收益率 = 预测投资收益率 - 无风险投资收益率$$

对投资者来说,预测风险收益率越大越好,它说明该投资方案所承担的风险小,符合投资原则,可行。

在实际经营过程中,如果旅游企业要在多个方案中进行选择的话,则应该在投资收益率越高越好,风险程度越低越好的原则下进行决策。

本章小结

一定量的货币资金在不同的时点上具有不同的价值,资金作为从事经营活动的物质条件的货币表现,由于时间的推移在周转使用中发生价值上的变化,这一差额价值就是资金的时间价值。任何社会,只要存在着货币资金所有权与使用权分离的现象,即存在借贷关系的话,就必然存在时间价值及在各种决策中不同时点上资金的换算需求,因而它也成为旅游企业财务管理中必不可少的计量手段。

资金时间价值的表现方式既可以是绝对值(利息),也可以是相对值(利息率),通常以相对值表示时间价值的高低。

资金时间价值从计算方法上分单利计算和复利计算;从计算目的上分为现值计算和终值计算;从计算的资金类型上分为一次性资金投放与产出和年金投放与

产出。按单利计算是一种只按本金计算利息,每期利息并不加入本金中增算利息的计算方法。按复利计算是一种将每期利息并入次期本金中增算利息,逐期滚算、利上加利的计算方法,可以分为复利终值的计算和复利现值的计算。

投资风险价值又称投资风险收益、投资风险报酬,是指投资者由于冒风险进行投资而获得的超过资金时间价值的额外收益。投资风险价值有两种表示方式,即绝对值(风险收益额)和相对值(风险收益率)。前者是指投资者由于冒着风险进行投资而获得的超过资金时间价值的额外收益,而风险收益额与投资额的比率则称为风险收益率。通常以相对值进行风险计量。

由于风险具有不确定性和不易计量性的特点,因此要计算风险投资收益必须运用概率论的方法,按未来年度预期收益的平均偏离程度进行衡量,具体步骤包括:确定概率分布;计算预期收益率;计算标准离差;计算标准离差率;计算风险收益率;计算预测的投资收益率,以权衡投资方案是否可取。对投资者来说,预测风险收益率越大越好,它说明该投资方案所冒的风险小,符合投资原则,可行。

思考与练习

1. 如何理解资金时间价值的含义?为什么资金时间价值对旅游企业财务管理水平的提高来说十分重要?
2. 在财务管理中,为什么常常运用现值计算法帮助做出经营决策?
3. 举例说明资金时间价值观念在旅游企业管理中发挥了哪些方面的作用?
4. 为什么投资行为会产生风险?如何衡量投资的风险价值大小?
5. 旅游企业在做出投资决策时,依据什么衡量决策是否正确?

高租金下经济型酒店如何破局①

近年来,酒店物业租金水平尤其是一二线城市核心地段的租金水平快速上涨,给主要通过租赁物业运营的经济型酒店品牌带来了极大的成本压力。目前行业内常见的应对做法是升级到中端品牌,提升间夜价格,以此来拉低房租在成本中的比重。但是这种做法也使得市场中物美价廉、服务于大众市场的经济型酒店正在减少。租金飞涨,经济型酒店该如何破除地租桎梏,重新塑造其经济性本色呢?不妨来看看英国的 Easy Hotel 是怎样做的。

---

① 秦宇,刘承伟.高租金下经济型酒店如何破局[N].中国旅游报.2019-10-31.

Easy Hotel 是一家专门在欧洲大城市核心区经营经济型酒店的公司，这家公司通过具有很强针对性的经营策略，成功克服了高租金成本的劣势，取得了很好的发展。以下从这几个方面介绍 Easy Hotel 的做法。

第一，少而精的设施。

作为有限服务酒店，Easy Hotel 只在房间内提供满足客人基本需求的设施，但少而精。房间内几乎没有桌椅，也没有电话、台灯等小型电器，更没有杯子、热水壶和咖啡壶。除了床和床上用品之外，房间内只有两个灯、一个液晶电视、一个多功能衣架和一个垃圾桶。但是，床非常舒服，床品质量非常好。整体卫生间设计良好，淋浴喷头出水量大、水温升温快，下水快，卫生间内的淋浴喷头、面盆龙头、马桶等均采用欧洲一线品牌，浴巾、面巾的纱支数也很高，使用起来非常舒适。

虽然面积不大，但设计和装修很精细，在力求美学效果的同时采用耐损耗的建材进行建筑和装饰，大幅度减少后期的维护费用；高质量的设施保证了其耐用性，延长其使用寿命，从长远上看减少了其固定成本投入；少而精的设施，不仅降低了营建投入和维护成本，同时也满足了顾客基本的住宿需求并且确保了核心产品的高质量，得到了顾客的认可。

第二，精选位置。

Easy Hotel 都位于城市中一流的位置，尽管不是最核心位置，但距离最主要的服务设施、旅游景点和办事机构都很近，而且周围配套设施齐全。以伦敦克罗伊登镇的 Easy Hotel 为例，其位于城市主要道路附近，方圆 0.5 公里范围内有 50 家餐馆和 6 个景区，距离伦敦城市机场只有 17 公里的距离。

经济型酒店出身的 Easy Hotel 不可能在市中心区的最好地段找高大上的物业，但是，通过在中心城区的二流或三流地段找性价比高、配套好的物业的方式，Easy Hotel 仍能够很好满足顾客对饮食、出行、游览和购物等方面的要求。

第三，鼓励自助服务。

重视自助服务的提供。每一家 Easy Hotel 都没有留下电话信息，顾客要查找的所有与酒店有关的信息（交通路线、酒店设施与政策）、预订等都可以通过网站完成，这大大减少了员工的工作负担。此外，通过自动售卖机销售小商品/冷热饮料。当然，酒店内 24 小时都有人值守，当顾客遇到问题时，可以随时在前台找到员工。另外，为了控制各门店的人工成本，在顾客停留期间，酒店并不每天打扫客房，也不更换床品。如果你需要的话，可以选择自行更换和打扫。当然酒店也提供该项服务，只不过顾客需要额外花 10 英镑并提前预订。

自助服务项目的增加，一定程度上解放了劳动力，减少了酒店人力成本投入，很好地缓解了酒店"用人难"的问题。

上述的做法，使得 Easy Hotel 能够以显著低于同地段其他酒店的价格售卖产品与服务。有了合适的产品与服务，还需要有合适的顾客。Easy Hotel 将其目标客源定位为追求"睡个好觉、洗个好澡"的短住型观光客人，较好地满足了这部分客人的需求。但需要注意的是，这样的酒店显然并不能满足商务客人和长住型客人的要求。

这说明 Easy Hotel 的上述策略在市场中长期成功的前提是必须找准目标客源。

为市场中的大众消费群体提供支付得起但有品质的住宿产品,满足消费者的基本需求,是经济型酒店品牌成功的基石。但现在看来有些酒店似乎正在失去服务经济型客源的能力,事实上,只要找到合适的经营策略,经济型酒店仍然有可能在城市核心地段为大众旅游者提供物美价廉的产品。Easy Hotel 的做法和策略,应能够成为经济型酒店破局重生的思路之一。

思考问题:

1. 请从资金时间价值的角度分析传统酒店经营的投资方式和经济型酒店投资方式的优缺点。

2. 你认为采取投资物业和租赁物业的旅游企业如何在实际经营过程中规避投资风险?

 课外延展

1. 结合对某一旅游企业的调查资料,多角度分析造成旅游企业忽略资金时间价值,致使资金周转速度下降、资金成本上升的内外部原因,并提出改善的对策。

2. 我国有些旅游企业投资盲目性较大,风险控制意识不强,你能否举出实践中的案例加以证明?

第二篇
旅游企业筹投资管理
Investment Management of Tourism Enterprises

第三章

旅游企业筹资管理

学习目标

通过本章的学习,明确旅游企业筹资的必要性,掌握筹资的基本含义和基本分类,掌握筹资中的基本原则,理解不同筹资来源和渠道的基本方式,掌握资金成本概念及计算,理解筹资结构及其筹资风险;能够运用筹资基本原则指导旅游企业做出适当的筹资决策,能够对不同筹资方式进行比较分析,以做出正确的筹资结构决策,能够对筹资风险进行判断分析。

学习重点

通过本章学习,重点掌握以下知识要点:
1. 旅游企业筹资的基本含义与分类;
2. 旅游企业筹资的基本原则;
3. 旅游企业筹资来源与渠道;
4. 旅游企业如何做出筹资决策。

关键概念

筹资　筹资原则　筹资结构　资金成本　财务杠杆利益

第一节 旅游企业筹资基本概述

一、旅游企业筹资的概念与分类

筹集资金是旅游企业的基本财务活动,旅游企业处于经营发展的不同阶段,对资金需要数量及结构有不同的需求,而内外部市场能否满足这种需求,以及自身是否有能力实现这种需求,都需要进行科学有效的管理。

所谓筹资就是旅游企业根据生产经营活动的不同需要,通过筹资渠道和资金市场,运用一定筹资方式,经济有效地筹集资金的一种财务活动。

正确认识筹资活动需要了解筹资活动的不同分类,主要有以下几种分类。

(一)按所筹资金的性质分类,可分为自有资金和借入资金

自有资金指旅游企业投资者投入并拥有所有权的那部分资金,包括资本金、资本公积金、留存收益;借入资金指由旅游企业债权人拥有所有权的那部分资金,包括长期负债和短期负债。合理安排两者之间的比例关系,是筹资管理的一个核心问题。

(二)按所筹资金的占用时间分类,可分为长期资金和短期资金

长期资金占用时间在一年以上,主要包括资本金、资本公积金、留存收益以及长期负债等;短期资金占用时间在一年以内,主要来源是流动负债。合理安排资金的期限结构,有利于实现旅游企业资金的最佳配置和筹资组合。

(三)按所筹资金的来源分类,可分为外部筹资和内部筹资

外部筹资指从金融市场、银行或非银行金融机构及其他单位筹集资金;内部筹资指通过企业留存收益转增资本、折旧及内部职工入股等形式筹集资金。合理安排内外部筹资比例,有利于控制资金成本。

(四)按所筹资金是否以金融机构为媒介分类,可分为直接筹资和间接筹资

直接筹资指不经过银行等金融机构,直接与资金供应者协商借贷;间接筹资指借助银行等金融机构而开展的筹资活动。合理安排两者间的比例关系,有助于旅游企业合理利用金融机构服务,控制筹资风险。

二、旅游企业筹资的基本原则

(一)数量适度性

旅游企业要结合经营波动性特点,适度安排筹资数量在不同季节的分布。资金筹集不足会影响经营活动正常开展,资金筹集过度又会造成资金浪费,因此要适度控制筹资数量。

(二)结构合理性

资金来源渠道不同,采用的筹资方式不同,会形成不同的筹资结构,由此会形成不同的筹资风险,也会产生不同的筹资收益,要实现风险与收益的均衡就必须形成合理的筹资结构。

（三）成本经济性

无论筹集的是自有资金还是负债资金，都涉及资金成本的高低问题。筹资中不仅要按量地保证资金供应，更要注意寻求资金成本的合理化，因为它是影响旅游企业盈利水平高低的重要因素。因此，筹资成本高低也就成为衡量筹资决策是否有效的一个主要参考标准。

（四）使用效益性

任何资金筹集都是为了不同的用途，虽然筹资是投资前的行为，但是要不要筹资却必须在投资项目或用途可行的基础上进行。要注意避免筹资时不考虑偿还的需要而盲目借贷的行为，只有建立在效益基础上的筹资才能保证按期偿还，进而树立良好的筹资信誉。

（五）偿还及时性

任何筹资行为都不是一次性的，旅游企业要树立持续经营的观念，就必须及时履行筹资时的承诺，争取按期及时偿还债务。这不仅反映了一个企业在资金市场上的信誉，而且会直接影响旅游企业今后再融资的能力，从而影响旅游企业的危机处理能力。

第二节　旅游企业筹资渠道与方式

一、筹资渠道与筹资方式

筹资渠道是指企业取得资金的来源，筹资方式是指企业取得资金的具体形式。一般来说，同一渠道的资金往往可以采用不同的方式取得，同一筹资方式也可以适用于不同的资金渠道。

随着社会主义市场经济的日益发展和加入世贸组织后经营环境的变化，旅游企业筹资渠道会越来越丰富，但无论如何，都可以将旅游企业资金来源分为两类，即自有资金和借入资金，两者比例关系对旅游企业稳定经营会带来很大的影响。构成两类资金来源的具体形式各不相同，正确认识它们各自的优势，有利于旅游企业选择和组合有利的筹资方式。

二、自有资金筹集

（一）自有资金的含义

自有资金是指投资者投入企业的资本金及经营中形成的积累，反映了所有者的权益，因而也称为主权资金。自有资金主要包括资本金、资本公积金和留存收益。

（二）资本金

1. 资本金的含义

资本金是投资者作为生产经营的"本钱"投入企业，并在工商行政管理部门登记的注册资金，是旅游企业进行生产经营活动的必要条件，是所有者权益的基本组成部分。

2. 资本金制度

资本金制度指国家围绕资本金的筹集、管理及投资者责、权、利等方面所做的法律规范。

建立资本金制度是我国资本金管理体制的重大变革,对资本确定、资本充实、资本不变、资本保值增值原则的贯彻落实具有重要意义,具体来说,资本金制度主要包括资本金筹集制度和资本金管理制度。

(1)资本金筹集制度。关于注册资本数额问题:《中华人民共和国公司法》(以下简称《公司法》)及其他有关法律对不同行业法定资本金数额做了明确规定,并对注册资本中不同投资人的出资数额也有明确规定。

关于出资形式问题:《公司法》规定,企业吸收投资者的出资方式可以是吸收现金投资和非现金投资(包括实物资产投资,即以房屋、建筑物、设备等固定资产和材料、燃料、产品等流动资产投资;无形资产投资,即以专利权、商标权、非专利技术、土地使用权等无形资产作价投资)。若以无形资产投资,则无形资产所占比例不得超过旅游企业注册资金的20%,特殊情况需超过的应当经工商行政管理机关审查批准,但最高不得超过30%。

关于资本金的构成问题:若采取吸收直接投资方式筹集资本金,则按照投资主体的不同,资本金由国家资本金、法人资本金、个人资本金和外商资本金构成;若采取发行股票方式筹集资本金,则资本金由普通股和优先股构成。

关于资本金筹集期限问题:应按有关规定一次或分批筹集,若是一次筹集的,则需在营业执照签发之日起6个月内筹足;若是分批筹集的,则第一次筹集的资金不得低于投资者认缴额的15%,并在营业执照签发之日起3个月内缴齐,最后一期出资应在营业执照签发之后3年内缴清;股份公司发行股票筹资的期限为90天。

关于资本金验资程序问题:旅游企业必须聘请在我国登记注册的注册会计师进行验资并出具验资报告,才能根据验资报告签发出资证明书,以保证投入资金的合理性和合法性。对投资人未按合同、协议或公司章程的约定履行出资义务的,则要承担违约责任。

(2)资本金管理制度。资本保全是指资本得到维护或成本得到回收后才能确定收益,也就是说,要求旅游企业的期末总资本额不小于期初总资本额。按照现行企业财务制度对资本保全的要求,除特殊情况外,资本金不得调整或抽回,若发生抽逃出资的,由公司登记机关责令改正并处以抽逃资金额10%以下的罚款,构成犯罪的则依法追究刑事责任;发起人持有的公司股份在公司成立之日起3年内不得转让,公司董事、监事、经理任职期内不得转让所持有的公司股份。

关于投资者对出资额的权责问题:投资者既有权分享旅游企业的利润,也需分担旅游企业的风险和亏损。

3. 吸收直接投资筹集资本金

这是非股份制旅游企业筹集自有资金的一种基本方式,按投资者主体不同,分为国家资本金、法人资本金、个人资本金和外商资本金;按投资者出资形式不同,分为现金投资和非现金投资。对于现金投资,不同国家规定有不同的最低数额,如我国《旅行社管理条例》规定,经营国际旅游业务的旅行社的注册资金为150万元,经营国内旅游业务的为30万元;对非现金投资,要注意做好资产评估、产权转移及财产验收工作,对无形资产投资则需要注意控制其所占比例,不得超过规定的比例。

4. 发行股票筹集资本金

股份制旅游企业的资本金是通过发行股票筹集的。股票是股份公司为筹集自有资金而

发行的一种权益凭证,是用来证明股东是公司投资人并借以取得股息的一种有价证券。股票具有收益性、无期性、风险性、流通性的特征。通过发行股票建立股份公司,是西方企业的典型形态,随着股份制改革的不断深入,我国旅游企业中股份有限公司的比重也在增加。

股票按照不同的标准可以进行不同的分类,主要分类包括:①按股东权利和义务的不同分为普通股和优先股。普通股是公司发行的具有管理权而股利不固定的股票,是公司最重要和最基本的股份;优先股是相对普通股有某些优先权利同时也有一定限制的股票,其优先权利体现为优先获得股利和优先分配剩余财产,但一般来说股利固定且没有表决权。②按股票票面有无记名分为记名股票和无记名股票。记名股票是将股东姓名记载在票面上和公司股东名册上的股票,领取股利时股东必须同时具备股票和股权手册才行,股票转让和继承要办理过户手续;无记名股票则与之相反。我国《公司法》规定,股份公司向发起人、国家授权投资的机构、法人发行的股票,应为记名股票。③按股票票面是否标有金额分为有面额股票和无面额股票。有面额股票就是票面标示有每张股票的金额数量的股票,由此可以确定每一股份在企业资金总额中所占的份额,同时还可表示股东的有限责任限度;无面额股票就是不标明金额,只标明每股占公司资本总额比例的股票,因而也称为比例股。④按股票发行对象和上市地区不同分为A股、B股、H股和N股。A股即境内发行、募集和上市的社会公众股,也称人民币股票,由此设定的公司必须符合《公司法》规定的上市条件;B股即境内发行、境外募集、境内上市的社会公众股,由此设定的公司必须经中央部委或省级人民政府推荐;H股即境内中国公司发行、境外和中国港澳台投资者认购和募集、在中国香港联交所上市的股票;N股即境内中国公司发行、境外和中国港澳台投资者认购和募集、在纽约证券交易所上市的社会公众股。⑤按股票投资主体的不同分为国家股、法人股、个人股和外资股。国家股为有权代表国家投资的部门或机构以国有资产向公司投资形成的股份;法人股为企业法人以其依法可支配的资产向公司投资形成的股份;个人股为社会个人或本公司职工以个人合法财产投入公司形成的股份;外资股为外国和我国港澳台地区投资者以购买人民币特种股票形式向公司投资形成的股份。

股票发行条件、发行程序及其监管必须遵循我国《中华人民共和国公司法》《中华人民共和国证券法》《股票发行与交易管理暂行条例》及其他有关规定执行。

股份公司股票发行资格与条件

我国《股票发行与交易管理暂行条例》规定了股份公司发行股票的条件和资格,概括起来如下:

(1)股票发行人必须是具有股票发行资格的股份有限公司。

(2)发行人以募集方式设立股份有限公司发行股票的,必须符合以下条件。

①公司生产经营符合国家产业政策;

②发起人符合法定人数;

③发起人认缴和社会公开募集的股本达到法定资本最低限额;

④向社会公众发行的部分不少于公司拟发行股本总额的25%,其中公司职工认购的股本数额不得超过拟向社会公众发行的股本总额的10%,公司拟发行的股本总额超过人民币4亿元的,按照规定可以酌情降低向社会发行部分的比例,但是最低不少于公司拟发行股本

总额的 10%；

⑤发起人认缴的股本数额不少于公司拟发行股本总额的 35%；

⑥发起人在近 3 年内没有重大违法行为。

(3)原国有企业改组设立股份有限公司，采用募集设立方式发行股票的，在此基础上还应符合以下条件。

①发行前 1 年末，净资产在总资产中所占比例不低于 30%，无形资产在净资产中所占比例不高于 20%，证券委员会另有规定的除外；

②近 3 年连续盈利。

(4)有限责任公司变更为股份有限公司发行股票，应符合规定的股份有限公司的条件，折合的股份总额应等于净资产额。

(5)股份有限公司增资发行新股，必须具备以下条件。

①前一次发行的股份已募足，并间隔 1 年以上；

②公司在最近 3 年内连续盈利，并可以向股东支付股利(公司以当年利润分配新股不受此限制)；

③公司在最近 3 年内财务会计文件无虚假记录；

④公司预期利润率可达同期银行存款利率。

股票发行中需要确立发行价格即股票售价，通常有三种情况。

(1)等价：股票发行价与股票面额一致，也称平价发行。以该售价发行股票简便易行，可确保及时足额地募集资本，但是不能得到溢价收入。

(2)时价：新股发行价以流通中的股票现行价格为准，也称市价发行。以该售价发行股票，考虑了股票的现行市场价值，可促进股票顺利发行。

(3)中间价：股票发行价介于股票面额和市场价格之间，有时是两者的中间值。以该售价发行股票，可能是溢价发行，也可能是折价发行。如果是溢价发行的话，则所获溢价款应列入资本公积金。

按照国际惯例，股票发行价格通常是溢价或等价而很少折价发行。我国《公司法》规定，股票发行价格可以溢价或等价，但不能折价。

股票发行价格高低不仅直接影响投资人的未来收益和风险，而且还关系到股票发行的顺利与否，因此发行股票的公司必须谨慎决策，仔细分析各种因素的影响程度，一般来说，在确定股票发行价格时要考虑的主要因素有。

(1)市盈率：指每股市价与每股盈利的比率，是进行股票估价的重要参数。一般来说，可以按每股盈利与市盈率的乘积作为股票发行价格。

(2)每股净值：指股票的每一股份所代表的公司净资产数额，通常情况下它与发行价格成正比关系。

(3)证券市场的供求关系：一般来说，股票供不应求时发行价格较高；反之亦然。

(4)国家相关政策：如我国规定股票发行价格可以按票面金额(即平价)确定，也可以按超过面额(即溢价)的价格确定，但不得按低于票面金额(即折价)的价格确定。

"旅游+地产"模式遇困 华侨城急需再融资①

一个斗大的"冤"字,正绑在深圳华侨城股份有限公司的头巾上,无论企业内部人士,还是资本市场颇为中意它的看客,很长时间里心中涌荡着一股愤懑之气。公认的中国文化旅游第一品牌,却偏仅享受传统房地产行业的估值水平(15倍左右动态市盈率),而在旅游行业的上市公司里面,它的估值只有最低,没有更低。非要找出元凶,那么只能是华侨城方面没有给外界传递一个清晰的未来蓝图,以至于这家几乎集万千宠爱于一身的央企有些让人"失望"。"发展缓慢,模式落后"成为最近媒体给它的标签。不过,通过对其过去6年发展历程的梳理,记者发现,从长期视角看,这只旅游"地产大象",奔跑速度并不慢,只是其立命之本的"旅游+地产"模式遇到暂时的困厄,而这也让市场对其现状产生了诸多误解。文化旅游项目本身都是"重资产、缓回报",即便是结合地产开发,与传统房企相比也难以"短、平、快"地快速扩容,而其本身最大的价值却是可以长期稳定地保持盈利。事实上,随着资产折旧的加速完成,其盈利能力只会越来越强,华侨城亦然。

华侨城的核心能力之一,当然是它"文化旅游+地产"的商业模式。开发前期,公司以文化旅游的名义在缺乏旅游资源的地块圈地,由于是远离市区的生地,价格自然低廉;然后在其上面建设开发主题公园类景区,将生地变为熟地,使得整个地块价值得以提升。在中期,以住宅等高周转业态的出售回笼资金,以此补贴"重资产、缓回报"的文化旅游项目,同时旅游项目的自然人文景观还可以推高住宅售价,并享受前期廉价土地储备的大幅升值。等到旅游项目进入成熟期后,又能形成稳定的现金流,成为公司的"现金奶牛"。简单地说,便是旅游提升地产开发的价值,而地产开发反哺旅游项目。这是一种已得到证明且非常有价值的商业模式,也塑造了华侨城过去的成功。

自2009年华侨城集团主营业务整体上市以来,截至2013年年底,华侨城的总资产从307亿元增长至879亿元,营业收入从109亿元增长至281亿元,净利润从17.1亿元增长至44.1亿元。这三项的增长速度几乎一致,5年时间涨幅超过1.5倍。仅从商业角度而言,说这只大象会飞亦不为过。

在中国经济结构调整的大背景下,旅游行业是最好的一个市场爆发点。耕耘旅游地产20余年的华侨城无疑具有先天优势。接下来,它将如何把握这个历史机遇,如何应对来自迪士尼的直接竞争,我们拭目以待。

发行股票筹集资金具有许多优点:首先,发行股票筹集的资金是主权资金,不仅可以增强公司信誉,为筹集债务资金奠定基础,而且作为永久性资金不需要偿还,能保障持续经营对资金的需要;其次,没有固定的股利负担,风险较小。但是,这种筹资方式也存在一定的缺点:一是资金成本较高,一方面是发行成本高,另一方面由于股利是用税后利润支付的,因而分配成本高;二是可能会分散公司的控制权。但无论如何,随着股份制改革的推进,这种筹集资金的方式会越来越普遍,因此要给予足够的关注。

(三)资本公积金

资本公积金是指旅游企业在筹集资本金及生产经营过程中形成的属于投资者的资本准

---

① 贺雷.旅游地产老前辈 华侨城快跑[EB/OL]. http://www.zmoney.com.cn/dichan/show.php?itemid=197,2015-01-30.

备金,包括资本溢价、股票溢价、法定财产重估增值、接受捐赠的实物资产价值等。必要时资本公积金可以转增资本金。

(1)资本溢价:指企业在重组并有新投资者加入时,为了维护原有投资者的权益,新加入的投资者出资额超过其认缴资本金的差额。

(2)股票溢价:指按溢价发行股票时,超出面值部分的差额,其中面值部分记入"实收资本"账户,溢价部分记入"资本公积"账户。

(3)法定财产重估增值:指旅游企业按国家法规重估财产时,重估价值与账面净值之差额的增值。

(4)接受捐赠的实物资产价值:按规定记入"资本公积"账户。

(四)留存收益

留存收益是指旅游企业从历年实现利润中提取或形成的留存于企业内部的积累,包括提取的法定盈余公积金、公益金及未分配利润。

(1)盈余公积金:是从税后利润中按一定比例提取的,分为法定盈余公积金和任意盈余公积金。前者是国家规定必须提取的,比例为税后利润的10%,当其累积额已达注册资本的50%时可以不再提取;后者是由企业决定是否提取及提取比例。企业可以将盈余公积用于弥补企业亏损或转增资本,但转增资本后剩余的盈余公积金额不得少于转增前注册资本的25%。

(2)公益金:是专门用于旅游企业职工福利设施支出的,按企业税后利润的5%~10%比例提取。

(3)未分配利润:是旅游企业留待以后年度进行分配的结存利润,也可以转增资本金。

三、借入资金的筹集

借入资金是指旅游企业向银行、其他金融机构、其他企业单位等吸收的资金,又称为负债资金。一般来说,可以通过银行借款、商业信用、发行债券、融资租赁等方式筹集借入资金。

(一)银行借款

银行借款是指旅游企业通过与银行签订借款合同而借入的需要还本付息的款项,按照借款期限的长短不同,分为短期借款和长期借款。

1.银行借款种类

(1)短期银行借款。短期银行借款是指旅游企业向银行借入的偿还期在一年以内的借款。按借款目的和用途分类,包括经营周转性借款、结算借款、各种临时借款;按偿还方式分类,包括一次性偿还借款和分期偿还借款;按利息支付方式分类,包括收款法借款、贴现法借款和加息法借款。

这里需要注意两个问题,即票据贴现和抵押担保借款问题。票据贴现是指持票人把未到期的应收票据转让给银行,在贴付一定利息的前提下取得银行资金的一种借贷行为。这种方式既给予购买单位临时的资金融通,又在自身需要资金时可以获得银行资金支持,因此灵活性较强。

要进行票据贴现,必须确定以下几个概念。

贴现期限:即从贴现之日起到汇票到期日为止的期间长度。

贴现息:是根据汇票金额、贴现期限和贴现率计算的应付利息额。贴现率由人民银行统一规定。

实收贴现金额:是票面金额扣除贴现息后的余额。

具体计算公式如下:

$$贴现息 = 贴现票面额 \times 贴现天数 \times (月贴现率/30)$$

$$实收贴现金额 = 贴现票面额 - 贴现息$$

【例 3-1】某酒店持有一张经承兑的商业汇票,票面额为 10 万元,期限为 4 个月。20 天后因急于用款,向开户银行申请贴现,月贴现率为 9‰,计算该酒店实收贴现金额为多少?

$$贴现息 = 100\,000 \times (120-20) \times 9‰/30 = 3\,000(元)$$

$$实收贴现金额 = 100\,000 - 3\,000 = 97\,000(元)$$

结果表明该酒店由于提前 100 天支取该笔资金而只能得到 97 000 元。上面是不带息的汇票,如果是带息票据进行贴现,则公式中的票面额需用票据的本利和代替。若该票据票面利率为月利 8‰,则:

$$票据利息 = 100\,000 \times 8‰/30 \times 120 = 3\,200(元)$$

$$票据本利和 = 100\,000 + 3\,200 = 103\,200(元)$$

$$贴现息 = 103\,200 \times (120-20) \times 9‰/30 = 3\,096(元)$$

$$贴现后净额 = 103\,200 - 3\,096 = 100\,104(元)$$

票据贴现实际上是酒店向银行的一种短期借款,其贴现息与流动负债的应计利息一样,计入酒店的财务费用。

关于抵押担保借款问题要注意:抵押之物一定要拥有所有权。如果旅游企业到期不能偿还借款本息,银行有权处理担保品,并以处理所得抵还借款本息,因此旅游企业必须充分论证,降低抵押担保借款风险。另外,由于抵押品种类不同,涉及对抵押品的作价评估问题,对此也需慎重对待和处理,争取以有利的条件获得所需要的资金。

(2)长期银行借款。长期银行借款是指旅游企业向银行借入的偿还期在一年以上的借款。按借款用途分类,包括固定资产投资借款、更新改造借款、科研开发借款;按提供借款的机构分类,包括政策性银行贷款、商业银行贷款、保险公司贷款;按有无担保分类,包括信用贷款和抵押贷款。

2. 银行借款信用条件

(1)补偿性余额:银行要求借款企业在银行中保留的一定数额的存款余额,约为借款的 10%～20%。设立补偿性余额的目的是降低银行贷款风险。

(2)信用额度:是银行给予旅游企业在贷款期限内借款的最高限额。一般来说,在正式协议下旅游企业可在信用额度内随时支用借款,但在非正式协议下,银行并不承担按最高借款额保证贷款的法律义务。

(3)周转信用协议(revolving credit agreement):也叫循环使用的信用额度,即在规定期限内可以循环使用的某一信用额度。与一般信用额度不同,银行对周转信用协议额度负有必须履行的法律义务,因此银行除向旅游企业收取利息以外,还要按信用额度的一定比例

(一般为0.2%)向旅游企业收取一定的承诺费用。

3. 借款利率的确定

确定借款利率一般有三种方法：固定利率、优惠利率、非优惠利率。利率的浮动幅度取决于借款的旅游企业的信誉及旅游企业与银行的往来关系。

4. 借款利息支付方式

(1)收款法：指由借款企业在借款到期时一次性向银行支付利息的方式，这种方式最为常用。

(2)贴现法：指在取得贷款时就从企业应得贷款额中先扣除应付利息的支付方式，由于这种方式是在使用资金前扣除利息，因此其实际利率要高于名义利率。

(3)加息法：指银行在向旅游企业发放分次等额偿还的贷款时，按照名义利率计算出贷款的全部本息和，并要求旅游企业在贷款期内分次等额偿还本息和的付息方式。

5. 办理借款的基本程序

(1)旅游企业提出申请，银行进行审查。银行长期借款申请书的内容主要包括：借款用途、金额、分期借款还款计划、项目的经济效益、借款的抵押品、担保单位、信贷人员的审查意见、银行的审批意见等；银行短期借款应在批准的流动资金计划占用额范围内，按生产经营需要逐笔提出申请。银行对于长期借款申请主要审查企业基本情况及投资项目的经济效益情况。银行对短期借款申请的审查主要集中于：借款用途和原因，以便决定是否给予贷款；产品供销情况，以便决定贷款的规模；资金周转情况，以便决定贷款的期限。

(2)签订借款合同和协议书。借款合同主要包括信用借款合同、担保借款合同、抵押借款合同。为确保各方权利和义务得到贯彻，通常在合同之外还要签订借款协议书，一式四份(借贷双方、担保单位、公证单位各一份)，主要包括借还款计划、利息计算方法、借款延期手续、抵押品情况、担保人责任、违约的处理办法等。

(3)支取使用借款。

(4)归还借款。借款企业应按期还款。若不能按期还款，则应在到期日前若干天内提出展期申请，经银行批准只可展期一次，还不能归还的，银行可以没收抵押品或要求担保单位归还。

6. 借款筹资的优缺点

优点：筹资速度快；借款利息率较低，且不需支付大量发行费用；弹性较大；有可能发挥财务杠杆作用。缺点：筹资风险较大；限制条件较多，且筹资数量受到限制。

(二)商业信用

商业信用是指在商品或服务交易中以延期付款或预收款进行购销活动而形成的借贷关系，是企业之间的一种直接信用关系。

1. 商业信用的种类

(1)应付账款。应付账款是旅游企业由于赊购商品或服务而形成的一种买方信用。对旅游企业而言，相当于向卖方借用资金来购买商品或服务，因而在赊购期内可以满足对资金的占用需要。一般来说，应付账款可以分为免费信用(买方在规定的折扣期内享受折扣而获得的信用)、有代价信用(买方放弃折扣付出代价而获得的信用)和展期信用(买方超过规定的信用期推迟付款而强制获得的信用)。

一般来说,为促使买方能够尽早付款,卖方通常会规定一些信用条件如"2/10,N/30",即买方若于10日内付款,可以享受应付账款的2%现金折扣。若在10日后至30日内付款,则无法享受这笔折扣。

【例3-2】某旅游企业按"2/10,N/30"的信用条件购买一批材料,若不接受现金折扣的话,则资金成本可按下式计算:

$$放弃现金折扣的资金成本 = \frac{现金折扣}{1-现金折扣} \times \frac{360}{信用期-折扣期} \times 100\%$$
$$= \frac{2\%}{1-2\%} \times \frac{360}{30-10} \times 100\%$$
$$= 36.73\%$$

【例3-3】某酒店拟以"2/10,N/30"的信用条件购进一批餐具,价值10万元。

如果该酒店在10天内还款,就可以享受2%的折扣,即100 000×2%=2 000元的优惠。则相当于在10天内免费使用对方的货款100 000—2 000=98 000元。

如果该酒店放弃现金折扣而选择在第30天还款,则其付出的放弃现金折扣的成本=$\frac{2\%}{1-2\%} \times \frac{360}{30-10} \times 100\% = 36.73\%$,即该酒店为了延长20天使用98 000元货款,多付出了2 000元的代价,相当于付出了资本成本率为36.73%的机会成本,这样就使得原本对酒店有利的商业信用,成为一种代价很大的短期融资方式了。

如果该酒店因缺乏资金而超过预定的付款期限,拖欠至60天后再付款,就形成了展期信用。考虑到长期合作关系,一般对方也不会因为超过付款期限而加收费用。这时放弃现金折扣的成本=$\frac{2\%}{1-2\%} \times \frac{360}{60-10} \times 100\% = 14.69\%$,远低于上述的36.73%。

由此可见,酒店如果在现金折扣期限之后付款,支付期越长,筹资成本也就越小。但是拖欠别人的货款,一方面降低自身的信用成本,另一方面也会降低酒店的信用地位和信用等级,影响企业未来商业信用的获得。因此,企业因缺乏资金而欲展期付款时,需要在降低放弃折扣成本和展期付款带来的损失之间进行衡量。

(2)应付票据。应付票据是旅游企业进行延期付款商品或服务交易时开具的反映债权债务关系的票据。从种类上来说,由于承兑人的不同,应付票据分为商业承兑汇票和银行承兑汇票;由于是否附带利息的不同,应付票据分为带息票据和不带息票据。应付票据的期限一般不超过6个月,利率一般比银行借款利率低,但若延期则要交纳罚金,因此应做好日常记录,按期兑现承诺。

(3)预收款。预收款是卖方企业在交付商品或服务之前向买方预先收取部分或全部款项的信用形式,相当于卖方向买方取得一笔短期借款,然后用商品或服务抵偿。一般来说,生产周期长、单位价值高或供不应求的商品或服务常采用此种方式。

2. 商业信用筹资的优缺点

由于商业信用筹资是伴随着商品或服务交易而形成的一种自然筹资行为,只要交易双方认可接受就可实行,因而简便易行,筹资成本较低,一般为无息或低息。但在决策是否接受折扣时,若决策失误,也可能出现资金成本较高的情况;另外,这种形式的筹资的使用期限都较短。

（三）发行债券

1.债券的含义

债券是企业为筹集资金而向债权人发行并承诺按期付息还本的书面凭证。构成债券的基本要素包括面值、期限、利率与利息。依据不同的分类标准,债券可分为不同的种类,如按债券上是否记名分为记名债券和不记名债券;按可否转换为公司股票分为可转换债券和不可转换债券;按债权有无担保分为抵押债券和信用债券;按利率是否固定分为固定利率债券和浮动利率债券;按付息方式不同分为附息票式债券和存单式债券;按还本方式的不同分为定期偿还债券和随时偿还债券。

2.债券的发行

（1）发行条件。按照我国《公司法》的规定,发行公司债券,必须符合下列条件:股份有限公司的净资产额不低于人民币3 000万元,有限责任公司的净资产额不低于人民币6 000万元;累计债券总额不得超过公司净资产额的40%;最近3年平均可分配利润足以支付公司债券1年的利息;筹集的资金投向符合国家产业政策;国务院规定的其他条件。

（2）发行价格的确定。发行价格是债券发行时使用的价格,亦即投资者购买债券时所支付的价格,通常有三种发行价格:溢价、平价和折价。溢价是指高于债券票面金额;平价是指与债券票面金额相等的价格;折价是指低于债券票面金额的价格。之所以会出现不同的价格,主要原因是债券票面利率与市场利率的一致程度不同;当票面利率高于市场利率时,则会出现溢价发行,相反,会出现折价发行;当两者一致时,会出现平价发行。在按年支付利息的情况下,可以用下述公式计算债券发行价格:

$$债券发行价格 = \frac{票面金额}{(1+市场利率)^n} + \sum_{t=1}^{n} \frac{票面金额 \times 票面利率}{(1+市场利率)^t}$$

式中:n 为债券期限;t 为付息期数。

【例3-4】某旅游企业拟发行面额1 000元、期限5年、票面利率为5%的债券,每年结息一次,到期归还面额。发行费用为发行价格的5%,公司所得税率25%。如果平价发行,该批债券的资金成本率为多少?若溢价50元发行呢?若折价50元发行呢?

$$平价发行:K = \frac{1\,000 \times 5\% \times (1-25\%)}{1\,000 \times (1-5\%)} \times 100\% = 3.95\%$$

$$溢价发行:K = \frac{1\,000 \times 5\% \times (1-25\%)}{1\,050 \times (1-5\%)} \times 100\% = 3.76\%$$

$$折价发行:K = \frac{1\,000 \times 5\% \times (1-25\%)}{950 \times (1-5\%)} \times 100\% = 4.16\%$$

值得注意的是,该公式为近似计算公式,在该章第三节资本成本的债务资本成本计算中有详细描述。较精确的计算是求现金流量的内部收益率,即通过上述公式求得,在这里不再赘述。上述例题表明,公司负债资金成本可以冲减应纳税收入,具有节税效应。因此,在经营与风险不变的前提下,利息的节税效应往往会激励公司在资本结构中更多地使用债务成本。

（3）债券的发行方式。债券的发行方式通常有公募发行和私募发行。公募发行是指以不特定的多数投资者为募集对象所进行的债券发行方式,由于其社会影响面大,因而各国都有严格的公募发行条件规定。私募发行是指以特定的少数投资者为募集对象所进行的债券发行,如旅游企业职工或机构投资者等。

3. 发行债券筹集资金的优缺点

通过发行长期债券筹集资金可以最大限度地利用社会闲散资金,在短期内为旅游企业筹集到数额较大的、可长期使用的资金,并且能给股东带来财务杠杆利益,因而是筹集长期资金的有效方式。但这种方式缺乏财务灵活性,利息必须定期支付,成为旅游企业一个固定的财务负担。如果旅游企业现金流转发生阻碍,势必会造成其财务困难,严重时可能使旅游企业破产。所以,利用这种方式筹集资金必须考虑旅游企业的经营状况及偿债能力,避免陷入债务危机。

(四)融资租赁

1. 融资租赁的含义

融资租赁是20世纪50年代始于美国的一种融通资金的方式,在西方发达国家融资租赁是仅次于银行信贷的金融工具,目前全球近1/3的投资是通过这种方式完成的。融资租赁在我国则始于20世纪80年代初,1981年在荣毅仁先生的倡导下,中国东方国际租赁有限公司和中国租赁有限公司相继成立,标志着我国融资租赁业开始起步,现已成为筹集资金的一种重要方式。所谓融资租赁是指由租赁公司按承租单位要求出资购买设备,在较长的契约或合同期内提供给承租单位使用的信用业务,是一种以融通资金为主要目的的租赁。

一般来说,融资租赁的种类主要包括:直接租赁、转手租赁(即再出租)、回租租赁(即售后租回)和杠杆租赁(即代偿贷款租赁)。其中杠杆租赁是国际上比较流行的一种融资租赁方式。这种方式一般涉及承租人、出租人和资金出借者三方当事人。这里出租人的身份是双重的:一方面他是承租方的出租人,另一方面他又是资金出借方的借资人。出租人只需投资租赁设备购置款的20%～40%的金额,就可在法律上拥有该设备的所有权,剩余款项可以以该项资产为担保向出借方借资,若出租人不能按期偿还借款,则资产所有权就将转归出借人。对出租人而言,由于租赁收益大于借款成本支出,因而出租人可获得财务杠杆利益,故名杠杆租赁。

2. 融资租赁的租金

融资租赁的租金一般包括:设备的购置成本(设备价款、合同公证费、关税、途中保险费和运杂费)、利息费用(出租人为购买租赁财产所筹集资金的利息、税收和适当的风险利差)、手续费(因出租人购进设备而付出一定劳务所收取的费用,如办公费、差旅费、邮电费、银行费用、工资和税金以及必要的盈利,一般控制在1%～3%)。

租金的收取可按月或按季进行。租赁期限一般接近设备的寿命期,至少不能低于寿命期的一半。

3. 融资租赁筹资的优缺点

融资租赁筹资的优点主要体现为:可以较少资金解决设备使用问题,迅速形成经营能力;手续相对简便,限制较少;由于租金可在税前列支,因此可获得减税效应;由于不增加负债,因此可不改变旅游企业的资本结构,有利于保障和扩大旅游企业举借新债的能力。

融资租赁筹资的缺点主要体现为：从租金上说，固定的租金支付会加重财务困难时企业的负担，且由于租金总额高于设备买价，因而相对于自行购买而言，取得成本过高；从处置权来说，受到一定局限；如不能享受设备残值，则也是承租企业的一种损失。

第三节　资本成本

一、资本成本含义

无论是自有资金还是借入资金都需要付出代价才能使用。资本成本就是旅游企业筹集和使用资本而支付的各种费用，包括资本筹集费用和用资费用。资本筹集费用是指筹资过程中支付的各项费用，如发行股票、债券支付的印刷费、手续费、律师费、广告费、管理费等。筹资费的支付通常是一次性的，且在取得所筹资本时便被扣除。用资费用是指占用资本支付的费用，如股息、利息等。用资费用一般在使用中分期支付，其多少与资本占用额和占用期有直接联系，因而可视为变动费用。

为便于分析比较，资本成本通常用相对值即资本成本率的方式来表达，资本成本率是指：

$$资本成本率 = \frac{用资费用}{筹资资金总额 - 资金筹集费}$$

由于筹资费常以筹资费率形式表达，所以资本成本率的计算公式还可以表示为：

$$K = \frac{D}{P(1-F)}$$

式中：K 为资本成本率；D 为用资费用；P 为筹资资金总额；F 为筹资费率。

二、资本成本的作用

（一）资本成本是选择资本来源、确定筹资方案的依据

以最低的代价取得所需资本是筹资中的基本要求，旅游企业从不同渠道、以不同方式筹集资本，其资本成本是不同的，在选择资本来源时，资本成本虽然不是唯一但却是重要的依据之一。不同来源资本构成的资本结构不同，综合资本成本高低不等，旅游企业要结合其他因素，选择更为经济的方式筹集资本。

（二）资本成本是评价投资项目是否可行的主要经济标准

旅游企业投资项目只有在投资收益率高于资本成本时才是可以接受的，否则将无利可图，因此，资本成本率常被看作企业确定投资项目可否被采用的取舍率(cut off rate)。

（三）资本成本是评价旅游企业经营绩效的最低尺度

任何一项投资的经营绩效只有不低于取得该项目资本的资本成本，才能有所盈利，否则项目投资则不具备经济价值。因此，资本成本率的高低就成为衡量旅游企业经营绩效的最低标准。

三、资本成本的计算

(一)债务资本成本的计算

债务资本成本的计算主要包括长期借款和债券成本的计算。由于借款利息和债券利息都可以在税前列示,因而可以获得减税效应,计算公式为:

$$K_d = \frac{I(1-T)}{Q(1-f)}$$

式中:K_d 为长期借款成本率(债券资本成本率);I 为长期借款年利息(债券年利息);T 为所得税税率;Q 为长期借款筹资额(债券发行总金额);f 为筹资费率。

【例3-5】某旅游企业向银行贷款500万元,期限5年,年利率为8%。每年付息一次,到期一次还本,筹资费率为1%,所得税税率为25%,计算该长期借款的资本成本率。

$$K_d = \frac{500 \times 8\% \times (1-25\%)}{500 \times (1-1\%)} \times 100\% = 6.1\%$$

【例3-6】某旅游企业从银行取得一笔长期借款1 000万元,手续费用率为0.5%,年利率为5%,期限3年,每年结息一次,到期一次还本。公司所得税税率为25%。求这笔借款的资金成本率。

$$K_d = \frac{1\,000 \times 5\% \times (1-25\%)}{1\,000 \times (1-0.5\%)} \times 100\% = \frac{5\% \times (1-25\%)}{1-0.5\%} \times 100\% = 3.77\%$$

(二)权益资本成本的计算

1. 股票成本的计算

与借款资本成本计算不同的是,股票的资本占用费即股利是税后支付的,无减税效应。由于优先股与普通股的权利义务不同,资本成本的计算也不同,进行分别计算。

(1)优先股资本成本的计算。优先股的股利是固定的,其成本率的计算公式为:

$$K_p = \frac{D_p}{P_p(1-f)}$$

式中:K_p 为优先股成本;D_p 为优先股总额的每年股利支出;P_p 为优先股股金总额;f 为优先股筹资费用率。

【例3-7】某旅游企业发行面值为100元的优先股50 000股,年股利率为7%,筹资费用率为面值总额的4%,该优先股的资金成本率为多少?

$$K_p = \frac{100 \times 50\,000 \times 7\%}{100 \times 50\,000 \times (1-4\%)} \times 100\% = \frac{7\%}{1-4\%} \times 100\% = 7.29\%$$

(2)普通股资本成本的计算。普通股的股利是不固定的,因而在优先股资本成本计算公式的基础上再加上一个增长率,计算公式为:

$$K_c = \frac{D_c}{P_c(1-f)} + G$$

式中:K_c 为普通股成本;D_c 为下一年发放的普通股总额的股利;P_c 为普通股股金总额;f 为普通股筹资费用率;G 为预计普通股股利每年增长率。

【例3-8】某旅游企业拟发行普通股股票200 000股,每股发行价格20元。筹资费用率为4%,估计第一年股利率为10%,以后将保持3%的增长速度,则该普通股的资金成本率为多少?

$$K_c = \frac{200\,000 \times 20 \times 10\%}{200\,000 \times 20 \times (1-4\%)} \times 100\% + 3\% = \frac{10\%}{1-4\%} + 3\% \times 100\% = 13.4\%$$

2. 留存收益成本的计算

留存收益是普通股股东留在旅游企业内的资本,可用于再投资的这部分资本总要获得适当的报酬,否则股东会将资本投到别处获取利润。因此,留存收益的成本是一种机会成本,其计算方法与普通股基本相同,所不同的是不必考虑筹资费用,计算公式为:

$$K_r = \frac{D_c}{P_c} + G$$

式中:K_r 为留存收益成本。

【例3-9】某旅游企业留存利润为100万元,普通股股利率为10%,以后每年保持3%的增长率,该企业税后利润留存资金成本率为多少?

$$K_r = \frac{100 \times 10\% \times (1+3\%)}{100} + 3\% \times 100\% = 13.3\%$$

(三)加权平均资本成本的计算

以各种筹资方式筹集的资本成本各不相同,成本不同的资本占全部资本的比重不同,从而使旅游企业总资本成本各不相同,要进行正确的筹资决策,就必须计算加权平均资本成本的高低,计算公式:

$$K_w = \sum_{j=1}^{n} W_j K_j$$

式中:K_w 为综合资本成本率;K_j 为第 j 种资本来源的资本成本率;W_j 为第 j 种资本来源占全部筹资总额的比率。

主要资本来源的资本成本率将会对全部筹资成本率产生较大的影响,次要资本来源的资本成本率对总成本影响较小。筹资成本率越高,表示旅游企业筹资支出越大;反之说明筹资支出越小。旅游企业利用筹资成本率指标可以对不同筹资结构进行优化选择。

【例3-10】某酒店现有资本来源渠道为投入资本金银行借款、发行债券、其他单位投资。各种筹资渠道的资本成本率已定,在有可能的几组筹资结构中优选最佳方案(见表3-1)。

表3-1 可供选择的筹资结构(%)

资本来源	可供选择的筹资结构				筹资成本率
	A	B	C	D	
资本金	45	50	55	40	8
银行借款	20	25	20	30	12
发行债券	15	15	10	20	16
其他单位投资	20	10	15	10	13

$$K_A = 8\% \times 45\% + 12\% \times 20\% + 16\% \times 15\% + 13\% \times 20\% \times 100\% = 11\%$$
$$K_B = 8\% \times 50\% + 12\% \times 25\% + 16\% \times 15\% + 13\% \times 10\% \times 100\% = 10.7\%$$
$$K_C = 8\% \times 55\% + 12\% \times 20\% + 16\% \times 10\% + 13\% \times 15\% \times 100\% = 10.35\%$$
$$K_D = 8\% \times 40\% + 12\% \times 30\% + 16\% \times 20\% + 13\% \times 10\% \times 100\% = 11.3\%$$

通过以上计算可以看出,方案C的成本率最低。酒店在进行筹资决策时,要对筹资成本

率与预计的资本利润率进行比较。如果筹资成本率大于资本利润率,或者筹资成本率的增长幅度大于资本利润率的增长幅度,则说明酒店的投资决策或筹资决策存在问题。从筹资的角度看,需采取措施,降低成本率,可以考虑改变资本筹集的方式,以降低加权平均资本成本率,如考虑降低各项资本成本,选择利息和费用较低的借款;调整资本来源结构,适当提高成本率较低的资本在全部资本中的比重。在上例中可增大资本金比重,如果不可能,则可增大借款比重,降低债券比重,如将借款比重提高为25%,债券比重降为5%,则总成本率可下降为10.15%。

第四节 筹资结构与筹资风险

一、筹资结构

筹资结构包括短期负债结构和资本结构。短期负债结构是指短期负债额占资产总额的比重。一般来说,短期负债是用来满足企业临时性和季节性流动资产的需要,长期负债是用来满足永久性流动资产和固定资产的需要。由于短期负债资本成本率较低,因而从降低资本成本的角度讲,可以采用"短款长用"的办法决策短期负债结构,但是要注意控制短期债务比例,因为短期负债到期日较短,需要旅游企业资本变现速度快,否则不能按期还款,会增大旅游企业风险。

资本结构是指旅游企业各种长期资本筹集来源的构成和比例关系。一般来说,资本结构是由长期债务资本和权益资本构成的,因而可以说资本结构决策要解决的问题是长期债务资本所占比重的问题。在财务决策上,可以通过比较资本成本法和每股利润分析法来确定最佳资本机构,即加权平均资本成本最低而企业价值最大的资本结构。

二、筹资风险

旅游企业通过利用一定比例的负债资本可以获得财务上的利益,如资本成本的降低和财务杠杆利益的实现等。但如果管理得不好也会产生很大的风险,如不能按期偿还债务本息的债务风险、利率波动的成本风险以及银根紧缩的政策风险等。因此,旅游企业必须在追求财务利益与避免财务风险的两难境地中做出选择,力求实现一种最优的筹资结构,即加权平均资本成本最低而企业价值最大的资本结构。

财务杠杆利益是指当债务资本成本率低于息税前投资利润率时,利用债务资本提高自有资本收益率所获取的利益。反映财务杠杆作用大小程度的指标称为财务杠杆系数,计算公式如下:

$$DFL = \frac{\Delta EPS/EPS}{\Delta EBIT/EBIT}$$

式中:DFL 为财务杠杆系数;EPS 为普通股每股利润;$\Delta EPS/EPS$ 为普通股每股利润变动率;EBIT 为息税前利润;$\Delta EBIT/EBIT$ 为息税前利润变动率。

$$DFL = \frac{M-F}{M-F-I-PD/(1-T)}$$

式中:M 为边际贡献,F 为固定成本,I 为利息,PD 为优先股股利,T 为所得税税率。

除了筹资导致的财务风险,企业在经营上也会遇到风险,企业的经营风险可以用经营杠杆系数表示。经营杠杆系数反映了经营杠杆的作用程度、经营杠杆利益的大小以及经营风险的高低。一般而言,经营杠杆系数越大,对经营杠杆利益的影响越强,经营风险也越大。经营杠杆系数的计算公式如下:

$$\mathrm{DOL} = \frac{\Delta \mathrm{EBIT}/\mathrm{EBIT}}{\Delta Q/Q}$$

式中:DOL 为经营杠杆系数;EBIT 为息税前利润;$\Delta \mathrm{EBIT}/\mathrm{EBIT}$ 为息税前利润变动率;Q 为销量;$\Delta Q/Q$ 为销量变动百分比。

$$\mathrm{DOL} = \frac{M}{M-F}$$

式中:M 为边际贡献,F 为固定成本,$M-F$ 为息税前利润。

总杠杆系数是企业财务杠杆系数和经营杠杆系数的乘积,直接反映了营业收入的变化对每股收益的影响程度,是衡量公司每股获利能力的尺度。总杠杆系数计算公式如下:

$$\mathrm{DTL} = \frac{\Delta \mathrm{EPS}/\mathrm{EPS}}{\Delta Q/Q}$$

$$\mathrm{DTL} = \mathrm{DOL} \times \mathrm{DFL}$$

$$\mathrm{DTL} = \frac{M}{M-F-I-\mathrm{PD}/(1-T)}$$

【例 3-11】B 企业去年产品销售量为 10 万台,单位售价为 100 元,变动成本率为 60%,固定经营成本总额为 150 万元,利息费用为 50 万元。B 企业今年预计产品的单位售价、单位变动成本、固定经营成本总额和利息费用不变,所得税税率为 25%(与去年一致),预计销售量将增加 40%,股利支付率为 90%。

要求:(1)计算该企业今年息税前利润、净利润以及经营杠杆系数、财务杠杆系数、总杠杆系数;(2)计算今年的息税前利润变动率。

解:(1) 今年销售量 = 10×(1+40%) = 14(万件)

单位变动成本 = 100×60% = 60(元)

今年息税前利润 = 14×(100−60)−150 = 410(万元)

净利润 = (410−50)×(1−25%) = 270(万元)

经营杠杆系数 = 10×(100−60)/[10×(100−60)−150] = 1.6

财务杠杆系数 = [10×(100−60)−150]/[10×(100−60)−150−50] = 1.25

总杠杆系数 = 1.6×1.25 = 2

或 总杠杆系数 = 10×(100−60)/[10×(100−60)−150−50] = 2

(2) 去年息税前利润 = 10×(100−60)−150 = 250(万元)

息税前利润变动率 = (410−250)/250×100% = 64%

或 息税前利润变动率 = 40%×1.6×100% = 64%

即今年息税前利润增加 64%。

一般来说,确定最佳资本结构的方法主要有比较资本成本法和每股利润分析法。比较资本成本法是通过计算不同资本结构的加权平均资本成本,并以此为标准相互比较进行筹资结构决策的方法。由于加权平均资本成本计算在前面已有所介绍,这里不再赘述。每股

利润分析法是通过利用每股利润无差别点来进行筹资结构决策的方法。每股利润无差别点是指两种筹资方式下普通股每股利润相等时的经营利润及销售收入点。其计算公式如下：

筹资无差别点经营利润＝借入资本成本率×（自有资本＋借入资本）

筹资无差别点销售收入＝筹资无差别点经营利润/1－销售成本率－销售税率

由以上公式可以看出，当旅游企业经营资本利润率等于借入资本利润率时，两种筹资方式的筹资效益相等。因此，筹资无差别点就成为筹资结构决策的一个取舍标准：当经营利润超过筹资无差别点时，可增加负债资本；反之，则不宜采用负债筹资方式。

筹资风险的防范是负债经营管理的一项重要内容。虽然降低筹资成本是防范筹资风险的有效途径，但它仅是影响筹资风险的一个因素，因为一般来说，影响旅游企业筹资风险的因素有许多，但归纳起来主要有三个：一是负债比的大小；二是利息率的高低；三是经营利润率的多少。负债比是旅游企业负债资本占全部资本的比重，这一比重过大，超过旅游企业盈利能力和偿还能力，将会由于债务负担过重，无力按期偿还而加大负债风险。利息率作为负债成本的表现形式，其高低将直接影响资本使用效益的大小和债务偿付能力的高低。经营利润率的大小是旅游企业筹集资本的出发点和落脚点，是偿还债务的基础。经营利润率过低会使负债资本的风险加大，如果低于利息率还要使用负债资本，那无异于饮鸩止渴，因此，经营利润率的高低也是能否举借外债的分界线。

为此，旅游企业在筹集资本时，为控制筹资风险，一定要结合其具体情况及当时的市场环境和自身的管理风格，进行认真的分析研究，慎重选择负债比率和负债结构，降低负债成本，当然更为重要的是提高旅游企业经营管理水平，努力提高经营效益，从根本上增加抗风险能力，获取最佳财务杠杆利益。

本章小结

旅游企业的资本从来源上来说有两种，即自有资本和借入资本。现代社会负债经营已成为企业资本运营的一种普遍形态，筹资是旅游企业最基本的财务活动之一。

所谓筹资就是旅游企业根据生产经营活动的不同需要，通过筹资渠道和资本市场，运用一定筹资方式，经济有效地筹集资本的一种财务活动。按不同的划分标准可以对筹资活动进行不同的分类。

旅游企业筹资中必须遵循一些基本原则，包括数量适度性原则、结构合理性原则、成本经济性原则、使用效益性原则、偿还及时性原则。

要管理好筹资活动，必须清楚地认识筹资渠道和筹资方式的多样性以及组合的复杂性。筹资渠道是指企业取得资本的来源，筹资方式是指企业取得资本的具体形式。一般来说，同一渠道的资本往往可以采用不同的方式取得，同一筹资方式也可以适用于不同的资本渠道。自有资本是指投资者投入企业的资本金及经营中形成的积累，反映了所有者的权益，因而也称为主权资本。自有资本主要包括资本金、资本公积金和留存收益。借入资本是指旅游企业向银行、其他金融机构、其他企业单位等吸收的资本,又称为负债资本,可以通过银行借款、商业信用、发行债券、融资租赁等方式筹集借入资本。

无论是自有资本还是借入资本都需要付出代价才能使用,换句话说,也就是必须要关注资本成本的高低,因为资本成本是选择资本来源、确定筹资方案的依据,是评价投资项目是否可行的主要经济标准,是评价旅游企业经营绩效的最低尺度,因此要在筹资中控制资本成本。所谓资本成本就是旅游企业筹集和使用资金而支付的各种费用,包括资金筹集费用和资金占用费用。

以各种筹资方式筹集的资本成本各不相同,成本不同的资本占全部资本的比重不同,从而使旅游企业总资本成本各不相同,要进行正确的筹资决策,就必须计算加权平均资本成本的高低。

要降低加权平均资本成本就必须控制好筹资结构。筹资结构包括短期负债结构和资本结构,短期负债结构是指短期负债额占资产总额的比重,资本结构是指旅游企业各种长期资本筹集来源的构成和比例关系。

旅游企业通过利用一定比例的负债资本可以获得财务上的利益,如资本成本的降低和财务杠杆利益的实现等。但如果管理得不好也会产生很大的风险,旅游企业必须在追求财务利益与避免财务风险之中力求实现一种最优的筹资结构,即加权平均资本成本最低而企业价值最大的资本结构。

财务杠杆利益是指当债务资本成本率低于息税前投资利润率时,利用债务资本提高自有资本收益率所获取的利益,反映财务杠杆作用大小程度的指标称为财务杠杆系数。

确定最佳资本结构的方法主要有比较资本成本法和每股利润分析法。比较资本成本法是通过计算不同资本结构的加权平均资本成本,并以此为标准相互比较进行筹资结构决策的方法。每股利润分析法是通过利用每股利润无差别点来进行筹资结构决策的方法。

筹资风险的防范是负债经营管理的一项重要内容。影响旅游企业筹资风险的因素有许多,但归纳起来主要有三个:一是负债比的大小;二是利息率的高低;三是经营利润率的多少。

思考与练习

1. 为什么说筹资是旅游企业最基本的财务活动之一?筹资管理包括哪些关键内容?

2. 通过对筹资方式及其组合方面的分析,可以了解旅游企业筹资过程中的哪些问题?

3.如何理解和认识筹资活动中必须遵循的基本原则?

4.旅游企业测算筹资成本的意义何在?如何通过筹资成本的高低做出筹资决策?

5.我国旅游企业负债经营中面临的主要问题之一是缺乏弹性的筹资结构,对造成此种情况的原因及改进对策你如何认识?

 案例分析

民营博物馆发展如何破解资金难题?[①]

前不久,在山东青岛市北区中国(青岛)汉画像砖博物馆因债务问题,影响了正常的开馆营业,引发了外界对当事博物馆的热议:这家博物馆捧着价值无可估量的汉画像砖这一"金饭碗",为何到了面临困境的地步?

汉画像砖始于2000多年前的春秋战国时期,盛于两汉,是一种表面有模印、彩绘和雕刻图像的建筑用砖,其构图简洁、线条飞扬、气韵生动、写意传神,不仅代表了两汉时期最高的艺术形式,也是中国美术史上的一座文化高峰。它不仅是一部用图像记录中国汉代史、汉代社会的百科全书,更是研究汉代乃至先秦不可或缺的实物资料,被专家称为"敦煌前的敦煌"。而中国(青岛)汉画像砖博物馆正是一座专门收藏、展陈、研究汉画像砖的专题博物馆。该馆2007年对外开放,并一直以弘扬中华优秀传统文化为己任,开展了大量社会公益活动,受到了业界以及市民游客的称赞,并成为目前全国最大、藏品数量最多、展品体系完善的民营汉画像砖博物馆。

记者了解到,中国(青岛)汉画像砖博物馆的创办者是张新宽。1980年前后在河南工作时发现,很多印有精美图案的藏青色大砖被当地百姓砸成碎块,充作铺路石,或搭建牛棚、猪圈等。自小对文艺感兴趣的他,当时虽然并不知这些砖头的价值,但凭直觉断定它们定有来头。于是张新宽将其中保存完好的"砖头"保护起来。从此他便与汉画像砖结缘,走上了收藏之路。经过30多年的努力,张新宽收藏的汉砖数量达到千余件。张新宽说:"收藏汉画像砖业界有五难:一是真品难求;二是资金压力;三是同道难遇;四是知识不足;五是难以存放。"他说,这么多年来,为让汉画像砖不被破坏、不流失海外,他和家人几乎花光所有积蓄收藏,甚至遇到好的藏品不惜借贷筹资。

2007年,退休后的张新宽和妻子建立了青岛崇汉轩汉画像砖博物馆。小小的门头、简陋的展厅里陈列着大量汉画像砖,吸引了不少业内爱好者和游客前来参观,那时起博物馆也有了一些收入进账。2014年,由于场馆产权问题,博物馆不得已关门停业,一度断了所有经济来源,好在两年后,博物馆迎来了重生的新机遇。

---

① 肖相波.民营博物馆发展如何破解资金难题?[N].中国旅游报.2018-11-05.

2016年,在青岛市北区委、区政府的帮扶下,青岛崇汉轩汉画像砖博物馆乔迁新址,不仅从以前位置偏远的小院迁到了繁华的市区,而且展厅面积也扩大到8300平方米,并改名为中国(青岛)汉画像砖博物馆,展品管理、运营模式等也逐渐规范起来。中国(青岛)汉画像砖博物馆的建立开创了"政府搭台、藏家管理、市场化运营、社会力量进入"的青岛市北模式。

新馆开业以来,游客接待量、营业收入等各项指标均保持快速增长。两年共接待游客10多万人次,文创超市、汉茶庭院、画像砖制作体验馆、学术报告厅、汉学教育等丰富的衍生业态,均助力博物馆收入大幅提升。在当下全国非国有博物馆"建成容易持续难"的普遍环境中,中国(青岛)汉画像砖博物馆在运营上走在了前列。目前,该博物馆已获得"山东省社会科学普及教育基地""山东省青少年优秀传统文化重点教育基地""市北区中学生优秀传统文化教育基地"等称号,并在推动教育、文化交流与研究等方面发挥出重要的作用。

虽然新建成的博物馆实现了收支平衡,能够独立运行,但发展前期的高额举债问题,为博物馆的持续发展埋下了一颗定时炸弹。在博物馆创办人张新宽患癌症后,这一问题突然爆发,债主集中上门讨债,严重影响正常的开馆营业,也让博物馆的发展由此陷入僵局。

"我花了半辈子,几乎用尽一切办法收藏、保护汉画像砖。为了收藏,不得不多次借高利贷,不断地借新钱还旧钱,陷入利滚利的泥潭,难以自拔。"躺在病床上的张新宽说。深受父亲影响的张一龙自父亲病倒之后便与妻子扛起了博物馆运营的重担。面对高额外债,两人四处奔走,尝试了各种筹资渠道,但收效甚微,"此时此刻已经不是依靠我们个人努力就能解决的了,我们需要企业财团、政府机构等'外力'的介入和帮助。"谈起如何解决目前博物馆面临的问题,张一龙和妻子显得很无奈。

记者了解到,2017年7月,国家文物局出台了《关于进一步推动非国有博物馆发展的意见》,从加快制度建设、提升办馆质量、完善扶持政策三大方面,出台了很多助推非国有博物馆发展的文件和政策,但目前非国有博物馆生存状况依然严峻。"政府在非国有博物馆发展问题上扮演着推动者的角色,非国有博物馆自身才是实现其持续健康发展的最主要因素"。青岛市北区文化新闻出版局相关负责人接受记者采访时表示,博物馆自身应该发挥主观能动作用,不等不靠,抱团发展。

思考问题:

1. 这家汉画像砖博物馆的筹资结构存在什么问题?
2. 博物馆应该选择什么样的筹资渠道才能避免再次陷入资金困境?

 课外延展

1. 在我国,旅行社大量表现为小型企业,它们在筹资中的困难较多,结合旅行社分工特点及其未来趋势,谈谈你的认识和走出困境的对策。

2. 调查并分析某一酒店企业在筹资中存在的问题,并结合我国现有状况提出解决的对策和思路。

第四章

旅游企业投资管理

学习目标

通过本章的学习,理解投资活动的内涵与类别,了解企业投资管理的基本流程,在理解与掌握现金流量的构成及计算方法的基础上,掌握投资决策评价指标的计算方法并运用其做出正确的决策。能够运用投资管理原则和一些投资评价方法,对旅游企业投资行为进行分析,为做出正确的投资决策奠定基础。

学习重点

通过本章学习,重点掌握以下知识要点:
1. 旅游企业投资的基本含义与分类;
2. 旅游企业投资的基本程序;
3. 旅游企业投资管理现金流量的计算;
4. 旅游企业投资评价指标的计算;
5. 旅游企业如何做出投资决策。

关键概念

投资 投资分类 投资程序 现金流量

第一节 旅游企业投资概述

一、投资的概念

投资是旅游企业为在将来获得经济利益或为降低经营风险而将资金投放于某一特定对象的经济行为,具有目的性、时间性、收益性和风险性等特点。投资活动对于旅游企业的生存和发展具有重要意义,主要体现在投资是旅游企业获得利润的基本保证和前提;投资是旅游企业维持和保证再生产的必要手段;投资是旅游企业降低经营风险的重要手段。

在激烈的市场竞争中,为保证投资决策的科学有效性,旅游企业必须充分论证投资项目的可行性,并认真分析企业所处的内外部环境,以寻求最佳的投资时机和投资项目;同时,为了降低投资风险,在投资决策过程中,旅游企业应注意不同投资项目、不同投资工具和不同投资期限的组合。

二、投资的分类

所谓投资是指投放财力于一定对象,以期望在未来获取收益的经济行为。由于不同的旅游企业会遇到不同的投资类型和投资决策问题,因此要从财务角度进行科学的投资管理,必须理清投资的性质,了解不同的投资类别。

（一）从投资与生产经营关系的角度进行投资分类,可以将投资分为直接投资和间接投资

所谓直接投资是指将资金投放于生产经营性资产上以期获得利润的投资;所谓间接投资是指将资金投放于证券等金融资产上,以期获取股利或利息收入的投资。因此,间接投资又称为证券投资。我国加入世贸组织后,金融市场逐渐完善,国际交往渠道日益增多,旅游企业应越来越重视间接投资的运用和管理。

（二）从投资时间长短的角度进行投资分类,可以将投资分为短期投资和长期投资

所谓短期投资是指在一年以内收回的投资,如对现金、应收账款、存货、短期有价证券等流动资产的投资,因此有时也称为流动资产投资;所谓长期投资是指在一年以上才能收回的投资,如对固定资产、无形资产及长期有价证券的投资,鉴于长期投资中固定资产的比重较大,因此有时专指固定资产投资。对旅游企业来讲,除固定资产投资（主要指酒店等固定资产比重高的企业）为主外,还需要越来越关注无形资产及长期有价证券的投资管理问题。

（三）从投资方向的角度进行投资分类,可以将投资分为对内投资和对外投资

所谓对内投资是指将资金投放于旅游企业内部,购置各种生产经营资产的投资;所谓对外投资是指旅游企业以现金、实物、无形资产等方式或以购买股票、债券等有价证券方式向其他单位的投资。随着我国金融市场的不断完善和旅游企业实力的不断增强,旅游企业对外投资的重要性日益突出。

(四)从投资在再生产过程中的作用角度进行投资分类,可以将投资分为初创投资和后续投资

所谓初创投资是指新旅游企业建立时进行的各项投资,如筹办工作投资、建筑安装工程投资、设备购置投资以及其他基本建设投资;所谓后续投资是指为巩固和发展旅游企业各项经营所进行的投资,如维持简单再生产所进行的更新性投资、实现扩大再生产所进行的追加性投资以及为调整经营方向所进行的转移性投资等。

这些分类有些是交织在一起的,难以严格地划分开,但为了分析问题时方便清晰,还是可以采用一定的标准进行不同的分类。

三、旅游企业投资管理的基本程序

(一)投资项目的提出

根据旅游企业经营战略目标的需要,在全面分析评价内外部经营环境基础上,提出拟需要投资的项目计划。

(二)投资项目的评价

对拟建设的投资项目和投资计划从投资的分类、选址的落实、技术与市场的分析、收益性的判断和现金流的预测等多方面进行分析评价,在做出评价的基础上进行项目的排序,上报待批。

(三)投资项目的决策

根据不同投资项目类别和内容,由不同的决策者做出可投资、不可投资以及尚需继续论证的决策。

(四)投资项目的实施

对决定投资的项目要组织好实施团队,按计划投资阶段和资金预算情况及时保质保量地落实项目各项要求,确保投资项目顺利实施。

(五)投资项目的再评价

由于投资需要一定的时间,在实施投资的过程中,有必要对原评价的准确性和新出现的环境变化进行再评价,以调整不适当的决策和做出新的决策,从而使投资项目收益尽可能最大化。

第二节 投资决策的基础——现金流量

一、现金流量的构成

现金流量(cash flow,CF)是由某一个投资项目引起的现金支出或现金流入的数量。这里的"现金"是广义的现金,它不仅包括各种货币资金,而且包括需要投入的企业拥有的非货币资源的变现价值(或重置成本)。现金流量是一个"增量"概念,它包括现金流出量、现金流

入量和净现金流量三个部分。

(一)现金流出量

一个项目投资中的现金流出量(cash outflows,CO)是指由该项目投资引起的旅游企业现金支出的增加额。现金流出量主要包括以下四个方面:

1. 固定资产投资

固定资产投资由工程直接费用、工程间接费用、预备费用和建设期借款利息构成。

(1)工程直接费用。工程直接费用是用于各种工程项目的直接费用支出,如土建工程费、设备购置费、运输费和安装调试费等。

(2)工程间接费用。工程间接费用是指在固定资产项目投资建设期内,除了工程直接费用以外发生的其他各项费用,一般包括勘测设计费、研究试验费、临时设施费、工程监理费、工程保险费、办公费及施工机构迁移费等。

(3)预备费用。预备费用包括基本预备费用和涨价预备费用。基本预备费用是指为弥补项目规划设计中难以预料而在项目实施过程中可能增加工程量的费用;涨价预备费用是指在建设期内由于物价上涨而增加的项目投资费用。

(4)建设期借款利息。建设期借款利息按现行会计制度的规定也应计入固定资产价值,因而也属于固定资产投资的构成内容。

2. 无形资产投资

无形资产投资主要包括土地使用权、专利权、商标权、专有技术、特许权等方面的投资。

3. 递延资产投资

递延资产投资主要包括开办费投资和其他递延资产投资。开办费投资包括项目筹建期间发生的咨询调查费、人员培训费、筹建人员工资、汇兑损益和利息支出等;其他递延资产投资包括经营租入固定资产的改良支出投资等。

4. 流动资产投资

流动资产投资是项目投入生产经营后为保证其生产经营活动得以正常进行所必需的周转资金。

(二)现金流入量

一个项目投资的现金流入量(cash inflows,CI)是指由该项目投资引起的旅游企业现金收入的增加额。现金流入量主要包括以下四个方面:

1. 营业现金流入

营业现金流入是指项目投入生产经营后所取得的营业收入与付现成本(营业成本减去折旧及无形资产和递延资产摊销后的余额)的差额。

2. 固定资产净残值收入

固定资产净残值收入是指固定资产清理所获得的收入扣除清理成本(拆卸费、搬运费等)后的差额。

3. 回收流动资金

项目出售或报废时,该项目配套的流动资产投资可以收回用于其他用途。

4. 其他现金流入量

其他现金流入量是指以上三项收入以外的现金流入量项目。

(三)净现金流量

净现金流量(net cash flow, NCF)是指项目周期内现金流入量与现金流出量的差额。当现金流入量大于现金流出量时,净现金流量为正值;反之净现金流量为负值。一般在项目建设期内,净现金流量为负值;在经营期内,净现金流量多为正值。

二、现金流量的计算

为了正确评价投资项目的优劣,必须正确计算现金流量。

根据现金流入量、现金流出量和净现金流量的构成内容,可以得到现金流量的计算公式:

现金流入量 = ∑各年营业现金流入 + 固定资产净残值 + 回收流动资金

= ∑(各年营业收入 − 各年付现成本 − 所得税) + 固定资产净残值 + 回收流动资金

= ∑[各年营业收入 − (各年营业成本 + 各年营业税金 + 各年营业费用 + 各年管理费用 + 各年财务费用 − 各年折旧、摊销) − 所得税] + 固定资产净残值 + 回收流动资金

= ∑[各年营业收入 − (各年营业成本 + 各年营业税金 + 各年营业费用 + 各年管理费用 + 各年财务费用) − 所得税 + 各年折旧、摊销] + 固定资产净残值 + 回收流动资金

= ∑[各年营业收入 − (各年营业成本 + 各年营业税金 + 各年营业费用 + 各年管理费用 + 各年财务费用)] × (1 − 所得税率) + 各年折旧、摊销 + 固定资产净残值 + 回收流动资金

= ∑各年营业利润 × (1 − 所得税率) + 各年折旧、摊销 + 固定资产净残值 + 回收流动资金

= ∑各年净利润 + 各年折旧、摊销 + 固定资产净残值 + 回收流动资金

现金流出量 = 固定资产投资 + 无形资产投资 + 递延资产投资 + 流动资产投资

净现金流量 = 现金流入量 − 现金流出量

= ∑各年净利润 + 各年折旧、摊销 + 固定资产净残值 + 回收流动资金 − (固定资产投资 + 无形资产投资 + 递延资产投资 + 流动资产投资)

【例4-1】某方案固定资产投资12 000元,设备寿命五年,直线法折旧,五年末残值2 000元。另需垫支营运资金3 000元。年收入8 000元,付现成本第一年3 000元,以后逐年递增400元。所得税率40%,资金成本10%。计算该方案现金流量。

初始投资:(1)购买资产: −12 000元

(2)垫支营运资金: −3 000元   则初始投资 = −12 000 − 3 000 = −15 000(元)

第一年:年折旧:(12 000-2 000)/5＝2 000(元)　折旧额抵税2 000×40%＝800(元)

税后年收入:8 000×(1-40%)＝4 800(元)

税后付现成本:3 000×(1-40%)＝1 800(元)

第一年经营现金流量＝税后营业收入－税后付现成本＋折旧抵税

＝4 800-1 800+800＝3 800(元)

第二年经营现金流量＝4 800-(3 000+400)×60%+800＝3 560(元)

第三年经营现金流量＝4 800-(3 400+400)×60%+800＝3 320(元)

第四年经营现金流量＝4 800-(3 800+400)×60%+800＝3 080(元)

第五年经营现金流量＝4 800-(4 200+400)×60%+800＝2 840(元)

残值收入＝2 000(元)

收回垫支营运资金＝3 000(元)

第五年现金流量＝2 840+2 000+3 000＝7 840(元)

计算净现金流量现值＝-15 000+3 800×(P/F,10%,1)+3 560×(P/F,10%,2)+3 320×(P/F,10%,3)+3 080×(P/F,10%,4)+7 840×(P/F,10%,5)

＝-15 000+3 454.55+2 942.15+2 494.37+2 103.68+4 868.02

＝862.77(元)

净现值大于零,值得投资。

【例4-2】玉龙山景区拟购入一套游乐设施,现有甲、乙两个方案可供选择,甲方案需要投资200 000元,使用寿命5年,采用直线法计提折旧,5年后该设备无残值收入,5年中每年营业收入为150 000元,每年付现成本50 000元;乙方案需要投资300 000元,使用寿命和计提折旧方法同甲方案,5年后残值收入10 000元,5年中每年营业收入为250 000元,付现成本第一年为30 000元,以后随设备损耗逐年增加修理费1 000元,另需一次性垫支营运资金10 000元。假设所得税率为25%,计算甲、乙两方案的现金流量。

要计算两方案的现金流量,首先应计算两个方案每年的折旧额:

甲方案年折旧额＝200 000/5＝40 000(元)

乙方案年折旧额＝(300 000-10 000)/5＝58 000(元)

营业现金流量的计算如表4-1所示。

表4-1　营业现金流量计算表

单位:万元

	项目年份(年)	1	2	3	4	5
甲方案	营业收入	15	15	15	15	15
	付现成本	5	5	5	5	5
	折旧	4	4	4	4	4
	税前利润	6	6	6	6	6
	所得税	1.5	1.5	1.5	1.5	1.5

续表

	项目年份（年）	1	2	3	4	5
甲方案	净利润	4.5	4.5	4.5	4.5	4.5
	营业现金净流量	8.5	8.5	8.5	8.5	8.5
乙方案	营业收入	25	25	25	25	25
	付现成本	3	3.1	3.2	3.3	3.4
	折旧	5.8	5.8	5.8	5.8	5.8
	税前利润	16.2	16.1	16	15.9	15.8
	所得税	4.05	4.025	4	3.975	3.95
	净利润	12.15	12.075	12	11.925	11.85
	营业现金净流量	17.95	17.875	17.8	17.725	17.65

现金流量的计算如表 4-2 所示。

表 4-2　现金流量计算表

单位：万元

	项目年份（年）	0	1	2	3	4	5
甲方案	固定资产投资	−20	8.5	8.5	8.5	8.5	8.5
	营业现金净流量	−20	8.5	8.5	8.5	8.5	8.5
乙方案	固定资产投资	−30					
	营业资金垫支	−1					
	营业现金净流量		17.95	17.875	17.8	17.725	17.65
	固定资产净残值						1
	回收流动资金						1
	现金流量合计	−31	17.95	17.875	17.8	17.725	19.65

第三节　投资决策评价指标

投资决策评价指标是衡量和比较投资项目可行性并据此进行方案决策的定量化标准与尺度，它由一系列综合反映投资效益、投入产出关系的量化指标构成。投资决策评价指标按是否考虑资金时间价值，分为非贴现指标和贴现指标两大类。

一、非贴现指标

非贴现指标又称静态指标,是指不考虑资金时间价值,各期现金流量直接按项目实际流入流出数额计算的指标,包括投资回收期和投资报酬率等。

(一)投资回收期

投资回收期(payback period,PP)是最早使用的投资评估指标,它是指投资项目收回原始总投资所需要的时间,即以投资项目经营净现金流量抵偿原始总投资所需要的全部时间。可用如下公式表达:

$$\sum_{i=1}^{PP} CI_t = \sum_{t=1}^{PP} CO_t$$

式中:CI_t 为第 t 年现金流入量;CO_t 为第 t 年现金流出量;PP 为投资回收期。

投资回收期通常以年为单位,一般是越短越好。在实际应用中,投资回收期的计算一般分两种情况。

(1)若每年现金净流量相等,投资回收期的计算公式为:

$$投资回收期 = \frac{原始投资额}{每年净现金流量}$$

(2)若每年净现金流量不等,投资回收期的计算公式为:

$$投资回收期 = (T-1) + \frac{第(T-1)年的累计净现金流量的绝对值}{第 T 年的净现金流量}$$

式中:T 为项目各年累计净现金流量首次为正值的年份。

投资回收期指标以项目投资收回的时间长短作为评价和分析项目可行性的标准。一般而言,投资者总是希望尽快地收回投资,即回收期越短越好,这样不仅可以减少投资风险,而且可以大大节约资金,提高投资效益。

在使用投资回收期指标进行互斥选择投资决策(即在两个或两个以上的项目中,只能选择其中之一的决策)时,应选择投资回收期短的方案;若进行采纳与否的投资决策(即决定是否投资于某一项目的决策),则应设置基准投资回收期 T,当 PP≤T,则项目可予以接受;当 PP>T 则放弃。基准回收期一般由公司自行确定或根据行业标准确定。

【例 4-3】根据例 4-2 的数据,甲、乙两方案的净现金流量及累计净现金流量如表 4-3、表 4-4 所示。

表 4-3 净现金流量及累计净现金流量(甲方案)

单位:元

项目 年份(年)	0	1	2	3	4	5
净现金流量	-200 000	85 000	85 000	85 000	85 000	85 000
累计净现金流量	-200 000	-115 000	-30 000	55 000	140 000	225 000

表 4-4 净现金流量及累计净现金流量(乙方案)

单位:元

项目 年份(年)	0	1	2	3	4	5
净现金流量	−310 000	179 500	178 750	178 000	177 250	196 500
累计净现金流量	−310 000	−130 500	48 250	226 250	403 500	600 000

根据公式,可得:

$$\text{甲方案投资回收期} = \frac{200\ 000}{85\ 000} \approx 2.35 \text{(年)}$$

$$\text{乙方案投资回收期} = (2-1) + \frac{|-130\ 500|}{178\ 750} \approx 1.73 \text{(年)}$$

上述结果表明,若两方案为互斥方案,在不考虑其他因素的情况下,应选择回收期较短的乙方案。

投资回收期指标能够直观地反映原始总投资的返本期限,便于理解,计算简单,可从一定程度上反映项目投资方案的变现能力及风险大小;但该指标没有考虑投资回收以后的现金流量,只能反映投资回收的速度,不能反映该项目投资在整个寿命期内的盈利能力;同时也没有考虑资金的时间价值。因此,该指标主要作为辅助的评价指标使用。

【例 4-4】某旅游酒店欲购置某种设备,价款 85 万元,运费 3 000 元,安装费 2 000 元,预计可用 8 年,投资后每年增加收入 30 万元,增加费用 15 万元。所得税税率 25%,预测投资回收期是多少年?

根据上述资料计算如下:

$$\text{总投资额} = 850\ 000 + 3\ 000 + 2\ 000 = 855\ 000 \text{(元)}$$

$$\text{年折旧额} = 855\ 000/8 = 106\ 875 \text{(元)}$$

$$\text{净现金流量} = (300\ 000 - 150\ 000 - 106\ 875) \times (1-25\%) + 106\ 875 = 139\ 218.75 \text{(元)}$$

$$\text{投资回收期} = 855\ 000/139\ 218.75 = 6.1 \text{(年)}$$

该项投资需要 6.1 年收回。

(二)投资报酬率

投资报酬率(average rate of return,ARR)又称为投资利润率、平均报酬率,是投资项目寿命周期内的年均净利润占投资总额的百分比。其计算公式为:

$$\text{投资报酬率} = \frac{\text{年均净利润}}{\text{原始投资总额}} \times 100\%$$

利用投资报酬率指标进行互斥选择投资决策时,应优选投资报酬率高的方案;在进行采纳与否投资决策时,应设基准投资报酬率 R。若 ARR$\geq R$,项目可以接受;若 ARR$<R$,则拒绝。

【例4-5】仍以例4-2的数据为例,甲、乙两方案的投资报酬率计算如下:

$$甲方案投资报酬率 = \frac{45\,000}{200\,000} \times 100\% = 22.5\%$$

$$乙方案投资报酬 = \frac{(121\,500 + 120\,750 + 120\,000 + 119\,250 + 118\,500)/5}{300\,000} \times 100\% = 40\%$$

【例4-6】某旅游酒店投资400万元,正常年度销售利润为120万元,如果现行资金市场利率为18%,则:

$$投资利润率 = 120/400 \times 100\% = 30\%$$

即每百元投资可创造30元的利润,高于现行资金市场利率,该项投资从财务上是可行的。

二、贴现评价指标

贴现评价指标又称动态评价指标,它充分考虑了资金时间价值,将投资方案的现金流量按某一时点折算成同一时期的量,再对投资支出和各年现金流量的大小进行比较,对方案的优劣取舍进行判断。与非贴现指标相比,贴现评价指标更为精确、客观,能较好地反映投资方案的优劣,但是其计算较为复杂。常用的贴现评价指标有净现值、现值指数与内含报酬率等。

(一)净现值

净现值是指在项目计算期内,按一定贴现率计算的各年净现金流量现值的代数和,也即投资项目的未来现金流入量总现值与现金流出量总现值的差额,一般用NPV(net present value)表示。所用的折现率可以是项目的资金成本,也可以是投资者所要求的最低投资报酬率。其表达式为:

$$NPV = \sum_{t=0}^{n} \frac{NCF_t}{(1+i)^t} = \sum_{t=0}^{n} \frac{CI_t}{(1+i)^t} - \sum_{t=0}^{n} \frac{CO_t}{(1+i)^t}$$

式中:NPV为净现值;NCF_t为第t年的净现金流量;CI_t为第t年的现金流入量;CO_t为第t年的现金流出量;n为项目预计使用年限;i为折现率(资本成本率或公司要求的报酬率);$\frac{1}{(1+i)^t}$为复利现值系数。

(1)当NPV=0时,投资项目的投资报酬率=设定的折现率;
(2)当NPV>0时,投资项目的投资报酬率>设定的折现率;
(3)当NPV<0时,投资项目的投资报酬率<设定的折现率。

在运用净现值指标进行互斥选择投资决策时,应选择净现值为正值且金额最大的方案。对于采纳与否的投资决策,若NPV≥0,则方案可接受;若NPV<0则拒绝。

【例4-7】某旅游酒店准备进行一项投资,投资额为20万元,连续3年的净现金流量分别为8万元、12万元、18万元,贴现率为12%,则净现值为:

$$NPV = -20\times(1+12\%)^0 + 8\times(1+12\%)^{-1} + 12\times(1+12\%)^{-2} + 18\times(1+12\%)^{-3}$$
$$= -20 + 7.14 + 9.57 + 12.81$$
$$= 9.52(万元)$$

该投资方案的净现值为正数,说明投资的可盈利率在12%以上,此方案可以接受。若计算出的净现值为负数,说明投资可盈利率在12%以下,进行投资是不合理的。

(二)现值指数

现值指数(present value index,PVI)是指项目计算期内各期现金流入量现值之和与现金流出量现值之和的比率。现值指数也称为现值比率、获利指数,其计算方法与净现值的计算方法类似,主要区别在于净现值指标计算的是绝对数,而现值指数计算的是相对数。现值指数的计算公式如下:

$$PVI = \frac{\sum_{t=0}^{n}\frac{CI_t}{(1+i)^t}}{\sum_{t=0}^{n}\frac{CO_t}{(1+i)^t}}$$

在采纳与否的决策中,若PVI≥1,则表明该项目的报酬率大于或等于预定的投资报酬率,投资项目可行;若PVI<1方案不可取。在选择互斥的决策方案时,现值指数大于1,金额最大的为最优方案。

现值指数是一个折现的相对数评价指标,其经济含义是每元原始投资在未来获得的现值净收益。该指标可从动态的角度反映项目投资的资金投入与净产出之间的关系,克服了净现值指标不能在投资额不同的方案之间比较的缺陷,但与净现值指标相似。现值指数不能反映投资项目的实际报酬率,贴现率也难以确定。

【例4-8】有两个不同的投资方案,甲方案投资额为15万元,净现值为10万元,则净现值比率为:净现值比率=100 000/150 000=0.67;乙方案投资额为12.5万元,净现值为9万元,则净现值比率为:净现值比率=90 000/125 000=0.72。

从计算结果可以看出,甲方案净现值绝对额比乙方案大。但同时其投资额也比乙方案大,用净现值比较,毫无疑问应选择甲方案。但如果用收益率来比较的话,则应选择乙方案,因为其净现值比率高于甲方案,说明乙方案每元的净现值产出高于甲方案。由此可见,在投资额不等的情况下,用净现值比率作为分析评价投资项目的补充指标是十分必要的。

(三)内含报酬率

内含报酬率(internal rate of return,IRR)是指投资项目净现值为零时的贴现率或未来现金流入量现值与未来现金流出量现值相等时的贴现率,又称为内部收益率。它反映了投资项目本身的真实报酬率,不受预定报酬率的影响,从理论上和实际上都具有更强的说服力,因此被广泛应用。内含报酬率的计算公式为:

$$NPV = \sum_{t=0}^{n}\frac{NCF_t}{(1+IRR)^t} = \sum_{t=0}^{n}\frac{CI_t}{(1+IRR)^t} - \sum_{t=0}^{n}\frac{CO_t}{(1+IRR)^t} = 0$$

式中：IRR 为内含报酬率。

内含报酬率的计算和净现值实际上是一样的。但是，净现值公式中折现率是已知的，要求出净现值；而内含报酬率是令净现值为零，要求出使净现值等于零的折现率（即内含报酬率）。

使用内含报酬率指标进行互斥选择投资决策时，应优选内含报酬率超过期望报酬率（资金成本或最低报酬率）最多的方案；使用内含报酬率指标进行采纳与否投资决策时，应设置基准贴现率 i。当 $IRR \geq i$，方案可行；当 $IRR < i$，方案不可行。

根据未来现金流量的情况，内含报酬率的计算分为两类。

(1) 未来各年净现金流量相等时，计算步骤如下：

① 计算年金现值系数。由

$$NPV = 年净现金流量 \times (P/A, IRR, n) - 原始投资额 = 0$$

可得

$$(P/A, IRR, n) = \frac{原始投资额}{年净现金流量}$$

② 根据计算出来的年金现值系数和 n，查表找出与该系数相邻近的两个临界系数及其对应的贴现率。

③ 利用插值法计算该项目的内含报酬率 IRR，可直接通过以下公式求得：

$$IRR = r_1 + \frac{(P/A, r_1, n) - (P/A, IRR, n)}{(P/A, r_1, n) - (P/A, r_2, n)} \times (r_2 - r_1)$$

式中：r_1 为与 IRR 相邻贴现率中较小的贴现率；r_2 为与 IRR 相邻贴现率中较大的贴现率；$(P/A, r_1, n)$ 为与 r_1 相对应的年金现值系数；$(P/A, r_2, n)$ 为与 r_2 相对应的年金现值系数；$(P/A, IRR, n)$ 为计算出来的该项目的年金现值系数。

(2) 未来各年净现金流量不相等时，要采用"逐步测试法"进行计算。

① 估计一个贴现率，按此计算净现值 NPV。若 NPV>0，说明该项目的内含报酬率大于估计的贴现率，应进一步提高贴现率（因为在 n 和原始投资额相等的情况下，贴现率与年金现值系数、净现值呈反向变化），再计算 NPV；若 NPV<0，则应降低贴现率，再计算 NPV。

② 如此反复测算，直至找出使 NPV 由正到负或由负到正且 NPV 接近于 0 的两个贴现率。

③ 利用插值法求得该项目的内含报酬率 IRR，公式为：

$$IRR = r_1 + \frac{NPV_1}{NPV_1 - NPV_2} \times (r_2 - r_1)$$

式中：r_1 为与 IRR 相邻贴现率中较小的贴现率；r_2 为与 IRR 相邻贴现率中较大的贴现率；NPV_1 为与 r_1 相对应的年金现值系数；NPV_2 为与 r_2 相对应的年金现值系数。

【例 4-9】某温泉旅游公司现有两个投资方案的税后营业净现金流量如表 4-5 所示。期望报酬率为 7.5%，使用内含报酬率指标对两个方案进行分析。

表 4-5 投资方案净现金流量表

单位:元

年份(年)	甲方案	乙方案
0	−20 0000	−300 000
1	50 000	80 000
2	50 000	70 000
3	50 000	60 000
4	50 000	50 000
5	50 000	95 000

甲方案每年营业净现金流量相等,其年金现值系数如下:
$$(P/A, \text{IRR}, 5) = 200\,000/50\,000 = 4$$

查阅"1元年金现值系数表",与4最近的现值系数分别为4.100 2和3.992 7,其对应的贴现率分别为7%和8%,则甲方案的内含报酬率计算如下:
$$\text{IRR}_\text{甲} = 7\% + \frac{4.100\,2 - 4}{4.100\,2 - 3.992\,7} \times (8\% - 7\%) \times 100\% \approx 7.93\%$$

乙方案每年营业净现金流量不相等,必须依次计算。过程如表4-6所示。

表 4-6 乙方案内含报酬率的测试

单位:元

年份(年)	净现金流量	贴现率=10% 复利现值系数	现值	贴现率=8% 复利现值系数	现值	贴现率=6% 复利现值系数	现值
0	−300 000	1	−300 000	1	−300 000	1	−300 000
1	80 000	0.909 1	72 728	0.925 9	74 072	0.943 4	75 472
2	70 000	0.826 4	57 848	0.857 3	60 011	0.890 0	62 300
3	65 000	0.751 3	48 834.5	0.793 8	51 597	0.839 6	54 574
4	60 000	0.683 0	40 980	0.735 0	44 100	0.792 1	47 526
5	100 000	0.620 9	62 090	0.680 6	68 060	0.747 3	74 730
NPV			−17 519.5		−2 160		14 602

通过试算,可以得出乙方案的内含报酬率在6%到8%之间,根据公式可得:

$$IRR_乙 = 6\% + \frac{14\ 602 - 0}{14\ 602 + 2\ 160} \times (8\% - 6\%) \times 100\% \approx 7.74\%$$

由计算结果可知,若为独立方案,甲、乙均可行;若为互斥方案,则应选择内含报酬率较大的甲方案。

内含报酬率指标充分考虑了货币的时间价值,能反映投资项目的真实报酬率,并且内部报酬率的概念容易理解,易被人接受。但是该指标的计算过程比较复杂,需要经过一次或多次的测算;如果投资项目的净现金流量是正负交错的,则可能会没有内含报酬率或存在多个内含报酬率,给决策带来困难。

本章小结

在多数情况下,运用净现值和内含报酬率这两个指标得出的结论是相同的。但在以下两种情况下会产生差异。

(1)在原始投资额不同,即投资规模不同的情况下,净现值是绝对指标,而内含报酬率是相对指标,比率高的方案绝对数不一定大,反之也一样。因而当原始投资额不同时,两者得出的结果就会出现差异。

(2)在现金流量的模式不同的情况下,净现值和内含报酬率两个指标假定中期产生的现金流量进行再投资时会产生不同的收益率。净现值指标假定产生的现金流入量重新投资时,产生与企业资金成本率或贴现率相等的收益率;而内含报酬率法却假定现金流入量重新投资产生的收益率与该项目特定的内含报酬率相同。在这两种比率不同的情况下,最后得出的结果就很可能不同。

由于净现值和现值指数使用的是相同的信息,在评价项目计算期相同情况下的采纳与否项目和同等投资规模的互斥项目时得到的结论是一致的。但是,在评价原始投资额不同的互斥项目时得到的结论有可能不同。

总之,在无资本限量的情况下,利用净现值指标进行原始投资额和项目计算期相等的投资评价都能做出正确的决策,而利用内含报酬率和现值指数在采纳与否决策中也能做出正确的决策,但在互斥选择决策中有时会做出错误的决策。

思考与练习

1. 对旅游企业投资活动进行不同的分类,其意义何在?
2. 酒店固定资产投资额巨大,如何加强固定资产投资管理?如何进行投资决策前的分析?
3. 如何理解旅游企业投资管理原则?在贯彻该原则中需要注意什么?
4. 分析非贴现指标与贴现指标的区别。

景区投资受追捧　开发运营要提升[①]

前不久，全国企业破产重整案件信息网发布的山东乳山维多利亚海湾旅游开发股份有限公司（以下简称"维多利亚公司"）预重整投资人招募公告显示，因维多利亚公司不能偿还到期债务，威海市中级人民法院已做出民事裁定，受理公司进入破产清算程序，债务人的债务总额为18.67亿元。

维多利亚公司计划投资额30亿元的大乳山景区拥有极佳的地理位置、丰富的旅游资源以及良好的经营环境，却形成了近20亿元的负债，引起了业界的关注。为何"天生丽质"的大乳山景区竟背负高额债务？这几年，陆续有多个重点景区资金链出现问题或者出现破产重组等现象。投资景区会遇到哪些大坑，如何保证景区的可持续运营，这些都成为业界应该思考的问题。

大乳山景区项目于2005年3月正式投资建设，景区规划总面积60平方公里。大乳山景区在全国五一劳动奖章获得者、高级园林工程师刘新利董事长的率领下，用8年时间栽种了1800万棵乔灌木，将昔日的荒山烂滩打造成山清水秀的世外桃源，被赞为生态文明建设的一个典范，建成运营多年，曾荣获"中国十佳休闲旅游度假地""山东省十大齐鲁文化新地标""山东省环境教育基地""国家级海洋公园""国家水利风景区""国际生态旅游示范基地"等。

2019年1月24日，山东省乳山市人民法院公告显示，威海市中级人民法院裁定受理维多利亚公司破产清算一案，指定山东利得清算事务有限公司担任维多利亚公司管理人。

根据利得清算发布的报告，维多利亚公司自2016年以来，因资金链断裂导致客源市场推广营销处于停滞状态等原因，营业收入急剧下跌，大乳山景区一直未能正常经营。据悉，大乳山景区由维多利亚公司投巨资，尽管运营建成以来遭遇资金难题，但维多利亚公司仍连年持续投入大量资金，进行混交林建设，增加植物多样性和植物的季相变化。

日前，维多利亚公司在山东产权交易中心发布预重整招募公告，意向投资人应于9月20日前缴纳200万元报名保证金，于9月30日前缴纳1亿元的投资保证金。根据初步审计结果，乳山维多利亚公司账面记载，债务人对外负债18.69亿元。

"景区投资是一个长期的系统工程，需要在投资之前做到高屋建瓴、高瞻远瞩，必须有良好的策划规划作为引导。维多利亚公司进入破产清算与投资前期缺乏良好的策划规划不无关系。"北京绿维文旅林峰直言，一个景区项目投资前，应该首先深度进行市场研究，准确定位市场、定位主题、定位形象、核心吸引力；其次，整合资源与市场，大胆创意，形成表现吸引力的产品形态；最后，运用韬略，建构战略，并落实为战术和行动计划。

[①] 邢丽涛.景区投资受追捧 开发运营要提升[N].中国旅游报.2019-07-30.

有专家认为,表面来看,投资过大、背债过多、盈利能力高估等,导致资金链断裂,深层背后原因可能与营商大环境有关,民营企业融资手段单一,借款难度加大,正常融资渠道受阻,民间借贷风险加大,再加上景区回收能力不足,产品盈利能力无法满足利息和成本支出,过高的财务成本必然严重影响景区的健康经营。旅游资源的开发具有前期投入大(沉没成本)、回收期长的特点,特别是投资前期面临着市场培育、市场推广等众多问题,一旦品牌成功树立起来,那么旅游资源运营的稳定性会大大加强。所以说,旅游产业运营的重要内容是如何平滑不同时期的投入和产出的期限风险。

此外有专家表示,如果维多利亚公司继续停止营业,所有资产必将进行清算处理;如果维多利亚公司能完成投资人招募,新股东将直接管理大乳山景区。

"景区培育了10年,在一定程度上积累了市场基础,同时,10年的低效运营和既有的负面信息,也给景区的品牌形象带来很大的伤害,所以想要继续运营该景区,需要先实现景区形象的转变和景区品质的提升,这样才有机会从市场认知和产品体验上,再次获得市场的理解和认可。"北京巅峰文旅黄健波说。

思考问题:

1. 为避免高开低走,如果你对一个具体的景区进行投资,你会考虑哪些因素呢?
2. 为什么2016年以来大乳山景区未能正常经营,而维多利亚公司仍继续投入大量资金?

课外延展

1. 收集旅游企业具体项目案例,通过计算现金流量等投资指标,判断企业的投资决策是否正确。
2. 结合旅游企业实际,分析评价旅游企业财务管理中哪些项目值得投资,哪些不值得投资?

第三篇
旅游企业资产管理
Asset Management of Tourism Enterprises

第五章

旅游企业流动资产管理

学习目标

通过本章的学习,明确流动资产的含义和内容,掌握流动资产管理目标和要求,掌握货币资金、应收账款和存货资产的管理内容和管理方法,理解对这些资产管理效果进行评价的指标;能够运用各类流动资产管理原理,分析旅游企业流动资产管理中的问题,做出科学的管理决策。

学习重点

通过本章学习,重点掌握以下知识要点:
1. 旅游企业流动资产的内涵;
2. 旅游企业货币资金管理;
3. 旅游企业应收账款管理;
4. 旅游企业存货资产管理。

关键概念

流动资产　货币资金　应收账款　存货资产　外汇资金

第一节 旅游企业流动资产管理概述

一、旅游企业流动资产含义及内容

资产是指企业拥有或者控制的能以货币计量的经济资源,包括各种财产、债权和其他权利。如果从资金周转期角度进行划分,可以将资产分为流动资产和固定资产。流动资产是指可以在1年内或者超过1年的一个营业周期内变现或运用的资产,主要包括:

（一）货币资金

货币资金是旅游企业在生产经营活动中因种种原因而暂时持有、停留在货币形态的资金,包括库存现金、银行存款和其他货币资金。货币资金是旅游企业所有资产中流动性最强的资产,也是其他流动资产转换的最终对象。银行存款为企业中最主要的货币资金形式,因此主要讨论银行存款在旅游企业中的管理。

（二）应收及预付款项

应收及预付款项指在商业信用条件下旅游企业延期收回和预先支付的款项,包括应收账款、应收票据、其他应收款、预付款和待摊费用。虽然在市场经济条件下,出于提升市场竞争力的考虑,彼此给以一定的商业信用是必要的,但拥有大量应收及预付款项会占用过多资金,降低资金周转速度,因而要在保证业务经营需要的前提下,做好定量控制。

（三）存货

存货指旅游企业在生产经营过程中为销售或耗用而储存的各种资产,包括原材料、燃料、包装物、低值易耗品、设备零配件、半成品、外购商品等,虽然为保证经营活动不中断,必须保持一定的库存量,但库存过多也会增加消耗和资金占用,影响流动资产周转速度,因而要做好定额控制。

（四）短期投资

短期投资指各种能随时变现且持有时间不超过1年的有价证券及其他投资。虽然进行短期投资可以在增加流动性的同时增大收益,但证券投资的风险种类多,处理不好未必能实现投资目标,因而必须进行有效的风险管理。

二、旅游企业流动资产的特点

（一）占用内容的多样性

从流动资产包含的内容上来看,不仅有处于生产领域中的资产占用,而且也有处于流通领域中的资产占用;既有实物资产,又有价值资产;既有原材料,又有半成品和成品,从而构成了占用内容上的多样性。

（二）占用形态的变动性

旅游企业流动资产占用随着服务提供的不同阶段不断变换其存在形态。一般来说，流动资产的循环都要经过采购、生产和销售环节，相应地流动资产表现为现金、原材料、商品与服务、应收账款等具体形态。这种变动性过程越顺畅，表明流动资产周转得越快捷。

（三）占用数量的波动性

由于旅游企业经营多具有明显的季节性，另外经营管理水平也各不相同，因而流动资产占用数量表现出明显的波动性。这种波动性会产生不同时间筹资需求量的差异。

（四）占用效果的时间性

相对于固定资产而言，流动资产占用过多会影响企业的获利性，但过少也会降低变现能力。从对流动资产占用效果的评价来说，必须关注其周转时间的长短，因为旅游企业要通过加速流动资产周转速度来带动总资产周转，进而提高投资利润率。

三、流动资产管理目标与要求

（一）流动资产管理目标

流动资产的管理目标就是要加速流动资产周转速度，以最合理的流动资产占用实现最大的投资效益，具体来说表现在以下两个方面：首先，在数量上要降低流动资产占用量。因为流动资产的货币表现是流动资金，降低流动资产占用量也就会降低流动资金占用量，从而可以节约资金投入或降低负债资金比率。其次，在结构上要优化各类流动资产占用比例。因为即使总量上得到了控制，但如果结构上失调的话，也会导致有些资产超负荷运转，有些资产闲置性浪费，这都不利于流动资产周转效率的提高。

流动资产周转率有两种表示方法，即周转天数和周转次数，其计算公式为：

$$周转天数 = \frac{流动资金平均占用额 \times 计划期天数}{周转额}$$

式中：计划期天数按年360天、季度90天、月度30天计算；周转额以计划期内占用一定数量流动资金所完成的销售收入来计算；流动资金平均占用额以期初余额加期末余额之和除以期数来计算。

$$周转次数 = \frac{周转额}{流动资金平均占用额}$$

周转一次所需天数越少，说明流动资金周转越快，利用效果越好；同样，一定时期内流动资金周转次数越多，说明流动资金周转得越快，利用效果越好。因此，两个指标表达的经济意义是一样的，但由于周转天数表现得更简捷，因而用得更普遍些。

由于提高旅游资金周转效率，必然会带来流动资金的节约，这种节约可以通过绝对节约和相对节约来表示。所谓绝对节约就是在接待任务量不变的情况下减少流动资金占用量，进而从周转中腾出一部分流动资金而形成的节约；所谓相对节约就是以原有的流动资金占用量来完成更多的接待量，从而通过多增加接待量少增加或不增加资金而形成的节约。

【例 5-1】 海粤酒店预计存货周转期为 90 天,应收账款周转期为 40 天,应付账款周转期为 30 天,每年现金需求额为 720 万元,则最佳现金持有量可计算如下:

$$现金周转期 = 90 + 40 - 30 = 100(天)$$
$$现金周转率 = 360/100 = 3.6(次)$$
$$最佳现金持有量 = 720/3.6 = 200(万元)$$

现金周转期模式简单明了,易于计算。但使用这种方法的前提是企业生产经营过程在 1 年中持续稳定地进行,也即现金需求和现金供应不存在不确定的因素。

(二)流动资产管理要求

(1)从总量上控制流动资产资金占用量,降低无效占用,为提高周转速度奠定基础。为此可用以下方法核定流动资产占用标准:

①周转天数法,即根据某项流动资产平均每日耗用量与周转天数来确定其占用标准的方法,计算公式为:

$$某项流动资产占用额 = 平均每日耗用量 \times 周转天数$$

该方法是核定流动资产占用标准的基本方法,适用于原材料、物料用品、低值易耗品、商品等项目的核定。

②二次平均法,即将各年某项流动资产平均占用额进行平均,求出第一次平均值,再将各年平均占用额低于第一次平均值的各占用额与第一次平均值再平均计算。求出第二次平均值,该值即为该项流动资产的占用标准。该方法可用于对应收账款等项目的核定。

③比例计算法,即根据某项流动资产基期资金平均占用额与营业收入之比和预算期预计营业收入来确定该项流动资产占用标准的一种方法,计算公式为:

$$某项流动资产占用标准 = \frac{该项流动资产基期资金平均占用额}{同期营业收入} \times 预算期营业收入$$

④余额推算法,即以上期某项资产实际余额为基点,考虑预算期发生额和摊销额来确定占用标准的一种方法。该方法适用于占用额较为稳定的项目,如待摊费用,其计算公式为:

$$某项资产占用标准 = 预算年度期内结余额 + 预算年度发生额 - 预算年度摊销额$$

(2)从结构上协调好各流动资产间的比例关系,重点管理好存货和应收账款等主要流动资产。为此要认真领会资金时间价值,降低对旅游企业流动资产周转速度影响重大的存货与应收账款方面的资金占用量,遵循现金管理的规章制度,在努力降低各类流动资产占用额的基础上,协调好结构方面的比例关系。

第二节 货币资金管理

一、旅游企业货币资金的概念与内容

旅游企业货币资产是指旅游企业经营资金在周转过程中停留在货币形态的部分,表现

为一定量的货币资金。货币资金一般包括现金、银行存款和其他货币资金。

现金指库存现金,包括人民币和各种外币。

银行存款指旅游企业存放在银行及其他金融机构的存款,包括人民币及各种外币存款。

其他货币资金指旅游企业的外埠存款、银行汇票存款、银行本票存款和在途货币资金等。外埠存款指旅游企业到外地进行临时或零星采购时汇往采购地银行开立采购专户的款项;银行汇票存款是企业为取得银行汇票,按照规定存入银行的款项;银行本票存款是企业为取得银行本票,按照规定存入银行的款项。

二、旅游企业货币资产管理的意义

货币资金是旅游企业唯一能直接转化为其他任何资产的资产,伴随着旅游企业经营活动的开展,随时会产生大量现金流入与流出的需要。为满足到期支付及偿还方面的需要,旅游企业必须持有足够的货币资金。同时,持有一定量的货币资金,也能保证旅游企业抓住有利的投资机会。

值得注意的是,持有一定量的货币资金是经营活动正常开展的必要条件,但持有的数量并非越多越好。对货币资产管理的难度就在于数量控制的适度,过多会降低货币资产流动速度,过低会降低支付信誉,因此,适度控制好货币资产占用数量与结构,对确保旅游企业顺利经营和提高货币资金使用效率是极为重要的。

三、旅游企业银行存款管理

按照财务管理规定,旅游企业经济往来中除规定可以使用现金的部分外,其余都应通过开户银行进行转账结算。对银行存款必须严格管理,具体要注意以下几个方面:

(一)熟悉和遵守银行存款管理制度

1.遵守开立银行存款账户的规定

按国家规定,旅游企业应向当地银行或金融机构申报开立账户,基本程序是:申请填制"开户申请书",加盖单位公章;将"开户申请书"送有关部门审查,然后出具证明;将这些资料送交开户银行审核,批准后便可登记开户,进行银行存取款。旅游企业在银行开立账户必须有足够资金保证支付,不准签发空头或远期的支付凭证。旅游企业在银行开立的账户,只能供本企业业务经营范围内的资金收付,不准出租、出借或转让给其他单位或个人使用。

2.遵守银行存款结算方式的规定

根据我国银行结算办法的规定,旅游企业的结算方式主要有以下几种:支票结算、汇兑结算、银行本票结算、银行汇票结算、商业汇票结算、信用证结算、委托收款结算、异地托收承付结算等。旅游企业应选择适合自身的结算方式,提高结算效率。

(二)规范银行存款管理的操作程序

在需要办理转账支票的时候,应按规定进行登记,不准签发空头支票和远期支票。要正确使用和审核各种银行结算凭证,及时办理银行存款的收付业务,定期与银行对账单核对,如果银行对账单的存款余额与旅游企业现金日记账中的存款余额不符,就需要编制银行往来调节表,调整未达账项,以利于旅游企业正确了解银行存款余额状况。

按照内部牵制制度的管理原则,银行存款管理中应实行钱账分管、章证分管,负责银行存款收付业务的出纳人员不得兼做会计核算等工作,即旅游企业印章不得交由出纳人员自行使用,也不得放在一起保管。分管制在一定程度上可以防止差错和舞弊行为的发生。

重视银行对账单的作用

深圳某证券营业部财务部设财务经理、会计及出纳三个岗位,按内部牵制制度的要求对出纳工作进行了规定:出纳负责保管现金、登记现金及银行存款日记账,每月月初到开户银行取回银行对账单。财务经理将银行对账单与银行存款日记账核对后编制银行存款余额调节表。后由于人员调动和工作繁忙,财务经理未对8—11月银行对账单进行核对。出纳趁机挪用营业部资金(以客户提取保证金为名,填写现金支票提现),累计挪用人民币90万元、港币10万元。

问题:为何会出现挪用公款之事?漏洞在哪里?

分析提示:从此案例中我们应该吸取如下经验教训:

1. 财务部不能忽视银行对账单的作用。必须坚持按月由出纳以外的人员核对银行对账单和银行存款日记账,并编制银行存款余额调节表。

2. 为防止有关人员编造虚假的银行对账单,可由银行在对账单上加盖银行章。

3. 鉴于出纳岗位的特殊性,企业必须加强对该岗位人员的控制,关注出纳本人的生活是否发生重大变化。

(三)确定银行存款最佳持有量

一般来说,银行存款的收入额和支出额决定最佳持有量的多少,为保险起见,还要考虑增加一个安全系数,通常其值为10%～15%,于是银行存款的最佳持有量测算公式为:

银行存款最佳持有量=(银行存款收入额－银行存款支出额)×(1＋安全系数)

第三节 应收账款管理

一、应收账款的成本

应收账款是旅游企业因对外赊销商品或提供劳务等而应向购买货物或接受劳务的单位收取的款项。它是旅游企业向客户提供的一种商业信用,与现销相比,赊销有利于增加销售,提高市场占有率,也有利于减少企业存货,降低存货成本。但与此同时,旅游企业会因持有应收账款而付出一定的代价,即应收账款的成本。应收账款的成本包括以下几方面。

（一）机会成本

应收账款的机会成本是指资金投入在应收账款上所丧失的其他收入，如有价证券的利息收入等。应收账款机会成本的大小通常与企业维持赊销业务所需要的资金数量（即应收账款的投资额）、资金成本有关。资金成本率一般按有价证券利息率或企业综合资金成本率计算，应收账款机会成本可按下列步骤计算。

1. 计算应收账款平均余额

$$应收账款平均余额 = 赊销收入净额 / 应收账款周转率$$
$$= 平均每日赊销额 \times 应收账款周转期$$

式中：平均每日赊销额＝赊销收入净额/360。

2. 计算维持赊销业务所需要的资金

$$维持赊销业务所需要的资金 = 应收账款平均余额 \times (变动成本 / 销售收入)$$
$$= 应收账款平均余额 \times 变动成本率$$

3. 计算应收账款的机会成本

$$应收账款的机会成本 = 维持赊销业务所需要的资金 \times 资金成本率$$

以上分析是建立在赊销数量在业务量的相关范围之内，即企业的成本水平保持不变（单位变动成本不变，固定成本总额不变）。因为固定成本总额与业务量无关，只与特定期间有关，所以应收账款的投资额仅指赊销收入总额中的变动成本部分。

【例5-2】富林酒店预测年度赊销收入净额为3 000 000元，应收账款周转期为60天，变动成本率为60%，资金成本率为10%，则应收账款机会成本计算如下：

$$应收账款周转率 = 360/60 = 6(次)$$
$$应收账款平均余额 = 3\,000\,000/6 = 500\,000(元)$$
$$维持赊销业务所需资金 = 500\,000 \times 60\% = 300\,000(元)$$
$$应收账款机会成本 = 300\,000 \times 10\% = 30\,000(元)$$

该计算结果说明，富林酒店投放300 000元的资金可维持3 000 000元的赊销业务，并因此丧失30 000元的可能收益。赊销业务所需资金的数量在很大程度上取决于应收账款的周转速度。正常情况下，应收账款周转率越高（也即周转期越短），维持一定赊销额所需的资金就越少；应收账款周转率越低，维持相同赊销额所需的资金数量就越大。而应收账款机会成本的大小在很大程度上取决于旅游企业维持赊销业务所需要资金的多少。

（二）管理成本

应收账款的管理成本是企业对应收账款进行管理而耗费的开支，是应收账款成本的重要组成部分。管理成本主要包括资信调查费用、应收账款账簿记录费用、收账费用以及其他费用等。

（三）坏账成本

坏账成本是应收账款因故不能收回而发生的损失，一般与应收账款发生的金额成正比。

为规避坏账给企业生产经营活动的稳定性带来不利影响,企业应按应收账款余额的一定比例提取坏账准备。

因此,应收账款管理的基本目标是在发挥应收账款强化竞争、扩大销售功能的同时,尽可能地降低应收账款投资的各种成本,最大限度地发挥应收账款投资的效益。

【例5-3】新宇公司2009年计划销售收入8 000万元,预计有75%为赊销,应收账款的平均收现期为45天,则2009年度该公司应收账款平均占用资金的数额为:

$$\frac{8\ 000 \times 75\% \times 45}{360} = 750(万元)$$

企业应当根据应收账款占用资金的情况,合理安排资金来源,保证生产经营对资金的需求。

二、应收账款信用政策

制定合理的信用政策是加强应收账款管理,提高应收账款投资效益的重要前提。信用政策即应收账款的管理政策,是指旅游企业为对应收账款投资进行规划与控制而确立的基本原则与行为规范,包括信用标准、信用条件和收账政策三部分内容。

(一)信用标准

信用标准是客户获得企业商业信用所应具备的最低条件,通常以预期的坏账损失率表示。企业在制定或选择信用标准时应考虑同行业竞争对手情况、企业承受违约风险的能力、客户的资信程度等因素。客户的资信程度可以通过5C系统来反映,具体含义如下:

(1)信用品质(character)。信用品质是指客户履约或赖账的可能性,这是决策是否给予客户信用的首要因素,主要通过了解客户以往的付款履约记录进行评价。

(2)偿付能力(capacity)。客户偿付能力的高低取决于资产特别是流动资产的数量、质量(变现能力)及其与流动负债的比例关系。

(3)资本(capital)。资本反映了客户的经济实力与财务状况的优劣,是客户偿付债务的最终保证。

(4)抵押品(collateral)。抵押品即客户提供的可作为资信安全保证的资产。

(5)环境(conditions)。环境可对客户偿付能力产生影响,不利经济环境可以反映客户是否具有较强的应变能力。

以上各种信息可通过以下渠道获得:①商业代理机构或资信调查机构;②往来银行信用部门;③与同一客户有信用关系的其他企业;④客户的财务报告;⑤企业自身的经验及其他可取得的资料。

旅游企业应在上述基础上借助数学方法进行定量分析,确定客户拒付账款的风险即坏账损失率以及客户的信用等级,并根据信用等级的不同给予不同的信用优惠条件或附加某些限制条款等。

(二)信用条件

信用条件是旅游企业评价客户等级,决定给予或拒绝客户信用的依据。一旦企业决定

给予客户信用优惠时,就需要考虑具体的信用条件。信用条件是指企业接受客户信用订单时所提出的付款要求,主要包括信用期限、折扣期限及现金折扣等。信用条件的基本表现方式为"2/10,N/30",它表示客户若在开票后10天内付款,可以享受2%的现金折扣;若在10天之后,30天内付款,则不享受现金折扣。这里,30天为信用期限,10天为折扣期限,2%为现金折扣率。

【例5-4】某企业某年12月1日销售商品一批,售价为20 000元,增值税为3 400元,现金折扣条件为2/10,1/20,N/30。某企业在12月8日收到商品款,求应该确认的收入是多少。

按照现金折扣的要求,当天应确认主营业务收入20 000元,企业在10天内收到商品款,应当按2%来计算现金折扣即财务费用为400元。

1. 信用期限

信用期限是指旅游企业为客户规定的最长付款时间。信用期过短,在竞争中会使销售额下降;信用期延长,可以在一定程度上扩大销售而增加毛利;但不适当地延长信用期限,会给企业带来不良后果:一是使平均收款期延长,导致机会成本的增加;二是导致坏账损失和收账费用的增加。因此,旅游企业是否给客户延长信用期限,应视延长信用期限后增加的收益和增加的成本之间的关系而定。

2. 现金折扣和折扣期限

延长信用期限会增加应收账款占用的时间和金额。为了加速资金周转,及时收回货款,减少坏账损失,旅游企业往往会在延长信用期限的同时,采用一定的优惠措施。即在规定的时间内提前偿付货款的客户可按销售收入的一定比率享受折扣。折扣期限是客户能享受现金折扣的最后期限。现金折扣实际上是对现金收入的扣减,企业决定是否提供以及提供多大程度的现金折扣,主要看折扣后所得的收益是否大于现金折扣的成本。

3. 信用条件的选择

信用条件的选择,是通过比较不同信用条件下的销售收入及相关成本,选择净收益最大的信用条件。

(三)收账政策

收账政策是指当客户违反信用条件,拖欠甚至拒付账款时企业所采取的收账策略与措施。在企业向客户提供商业信用时,必须考虑三个问题:第一,客户是否会拖欠或拒付账款,程度如何;第二,怎样最大限度地防止客户拖欠账款;第三,一旦账款遭到拖欠甚至拒付,企业应采取怎样的对策。前两个问题主要靠信用调查和严格信用审批制度,第三个问题则必须通过制定完善的收账方针,采取有效的收账措施予以解决。

旅游企业在制定收账政策时,应根据账款的逾期时间长短、欠缴金额多少、不同的客户、不同的产品并结合信用条件灵活运用。对于逾期时间较短的客户,可通过信函、电话等方式催收;对于情形较严重者,可派人面谈,必要时还可提请有关部门仲裁或提起诉讼等。当继续催收账款得不偿失或不可能时,旅游企业应停止对其催收而将这笔账款报批后作为坏账

损失处理。按国家现行制度规定,确认坏账损失的标准有三个:

(1)因债务人破产,依照法律清偿后,仍确实无法收回的债权;

(2)债务人死亡,既无遗产可供清偿,又无义务承担人,确实无法收回的债权;

(3)债务人逾期3年未履行偿债义务,经主管财政机关审核认可,可以作为坏账损失处理的债权。

三、应收账款的日常管理

建立信用政策以后,旅游企业还应做好如下应收账款的日常控制工作:

(一)应收账款追踪分析

应收账款一旦发生,赊销企业就必须考虑如何按期足额收回的问题。为此,赊销企业就有必要在收账之前,对该项应收账款进行追踪分析。追踪分析的内容包括三个方面:一是赊销商品或劳务的销售与变现;二是客户的信用品质;三是客户的现金持有量和调剂程度。

(二)应收账款账龄分析

应收账款账龄分析也就是对应收账款的账龄结构进行分析。应收账款的账龄结构是指各账龄应收账款的余额占应收账款总计余额的比重。一般来说,应收账款账龄越长,收账的难度越大,发生坏账损失的可能性越大。因此,对应收账款进行账龄分析,密切关注应收账款的回收情况,是提高应收账款回收效率的重要环节。账龄分析的常用方法是编制"账龄分析表",格式如表5-1所示。

表5-1 某假日酒店应收账款账龄分析表

应收账款账龄	金额/万元	比重/(%)
信用期内	400	40
逾期3个月内	250	25
逾期3~6个月	200	20
逾期6个月至1年	100	10
逾期1年以上	50	5
合计	1 000	100

由上表可知,该酒店有60%的应收账款超过了信用期,逾期金额达600万元。因此,酒店财务管理人员应高度重视,并采用不同的收款策略,尽快收回账款。同时,对信用期内的应收账款也不应放弃管理和账龄分析,防止发生新的逾期账款。

(三)应收账款收现保证率分析

应收账款收现保证率是为适应企业现金收支匹配关系的需要,所确定出的有效收现的账款应占全部应收账款的百分比。其计算公式如下:

$$应收账款收现保证率 = \frac{当期必要现金支付总额 - 当期其他稳定可靠的现金流入总额}{当期应收账款总额}$$

式中,其他稳定可靠的现金流入总额是指从应收账款收现以外的途径可以取得的各种稳定可靠的现金流入数额,包括短期有价证券变现净额、可随时取得的银行贷款额等。

应收账款收现保证率反映了旅游企业既定会计期间预期现金支付数量扣除各种可靠、稳定性流入量后的差额,必须通过应收账款有效收现予以弥补的最低保证程度。其意义在于,应收款项未来是否发生坏账损失对企业并非最重要,更为关键的是实际收现的款项能否满足同期必需的现金支付要求,特别是满足具有刚性约束的纳税债务及偿付不能延期或调剂的到期债务的需要。

(四)建立应收账款坏账准备制度

旅游企业无论采取怎样的收账政策,只要有应收账款存在,就有发生坏账损失的可能性。按照会计谨慎性原则的要求,旅游企业应对坏账发生的可能性预先进行估计,并计提相应的坏账准备金。

【例 5-5】上华旅游公司预测年度赊销收入净额为 2 280 万元。其信用条件是 N/30,变动成本率为 60%,资金成本率为 18%,假设企业收账政策不变,固定成本不变,该企业现有三个信用条件的备选方案:A 方案维持原信用条件;B 方案信用条件为 N/60;C 方案信用条件为 N/90。各备选方案的赊销水平、坏账损失及收账费用如表 5-2 所示。

表 5-2 信用条件备选方案指标

单位:万元

项目	A	B	C
年赊销额	2 280	2 400	2 640
应收账款周转率	12	6	4
应收账款平均余额	2 280/12＝190	2 400/6＝400	2 640/4＝660
维持赊销所需资金	190×60%＝114	400×60%＝240	660×60%＝396
坏账损失率	2%	3%	4%
坏账损失	2 280×2%＝45.60	2 400×3%＝72.00	2 640×4%＝105.60
收账费用	23.40	40.00	56.00

根据上述资料,可计算如下指标,见表 5-3。

表 5-3 信用条件备选方案指标

单位:万元

项目	A	B	C
年赊销额	2 280	2 400	2 640
变动成本	2 280×60%＝1 368	2 400×60%＝1 440	2 640×60%＝1 584

续表

项目	A	B	C
扣除信用成本前收益	912	960	1 056
应收账款机会成本	114×18%=20.52	240×18%=43.20	396×18%=71.28
坏账损失	45.60	72.00	105.60
收账费用	23.40	40.00	56.00
扣除信用成本后收益	822.48	804.80	823.12

从表5-3中可知,三个方案中C方案的获利最多,因此,在其他条件不变的情况下,应选择C方案的信用条件。

第四节 存货资产管理

一、存货的功能

存货是指企业为销售或耗用而储存的各种资产。在旅游企业特别是旅游酒店中,存货在流动资产中占有较大比重。旅游企业的存货主要包括原材料、燃料、包装物、低值易耗品、物料用品和商品等。

存货的功能是指存货在生产经营过程中的作用,主要包括:
(1)储存必要的存货可以保证生产经营的正常进行;
(2)存货储备可以增强企业适应市场变化(尤其是发生通货膨胀时)的能力,提高企业生产和销售的机动性,并防止意外事件造成的损失;
(3)适当的存货可以保证企业的均衡生产,并降低购货成本。

二、旅游企业存货资产概述

旅游企业存货是指旅游企业在生产经营过程中为销售或者耗用而储备的物资,包括各种原材料、燃料、物料用品、低值易耗品、商品等。

原材料主要包括食品原材料,即食品原料、调料、配料等;汽车零配件;各种维修材料,如水暖电器照明、电机的维修材料;建筑物维修的材料、涂料;小五金等日常消耗材料。

燃料指旅游企业消耗的各种液体、固体、气体燃料的储备。

物料用品指旅游企业用于服务、办公及日常管理等方面的日常用品,包括为旅游者备用的物品、各种办公用品、营业部门的日常用品、针棉织品、包装物品、其他物品。

低值易耗品指旅游企业内不够固定资产标准的各种工具、用品等,如家具用品、办公用具、工具、劳保用品、仪器仪表、金属餐具、玻璃器皿、摆设挂饰等。

三、存货成本

存货成本指为了取得和储备一定量的存货，由此而发生的各项支出。存货成本主要包括以下几方面：

（一）订货成本

订货成本是指为订购材料、商品而发生的成本。如采购人员的工资、采购部门的一般性费用（办公费、水电费、折旧费、取暖费等）和采购业务费（差旅费、邮电费、检验费、运输费、搬运费等）。订货成本可以分为两部分：一是固定订货成本，它与订货次数无关，全年发生额固定，如采购部门的基本开支等；二是变动订货成本，它与订货次数成正比例（如电话费、差旅费、检验费等）。订货成本可用以下公式表示：

$$订货成本 = F_1 + (D/Q)K_1$$

式中：F_1 为固定订货成本；D 为某种存货年需求量；Q 为每次进货量；K_1 为每次订货变动成本。

（二）购置成本

购置成本是存货本身的成本，等于存货年需求量 D 乘以单价 U。购置成本和订货成本合称为取得成本或进货成本。

（三）储存成本

储存成本是指企业持有存货而发生的各项费用，包括存货资金的机会成本、仓储费用（工资、折旧费、维修费、办公费、水电费等）、保险费用、存货残损霉变损失等。储存成本也可分为两部分：一是变动储存成本，它与存货量成正比（如机会成本、腐烂变质损失、保险费等）；二是固定储存成本，它与存货量无关（保管员工资、折旧费等）。储存成本用公式表示如下：

$$储存成本 = F_2 + (Q/2)K_2$$

式中：F_2 为固定储存成本；K_2 为单位变动储存成本。

（四）缺货成本

缺货成本是指因存货不足而给企业造成的损失，如停工损失、丧失销售机会的损失、紧急采购的额外开支等。缺货成本一般用 TC_s 表示。

存货的总成本 TC 可表示如下：

$$TC = DU + F_1 + (D/Q)K_1 + F_2 + (Q/2)K_2 + TC_s$$

因此，存货管理的目标是在存货的功能（收益）和成本之间进行权衡以合理控制存货水平，在充分发挥存货功能的同时降低存货成本。

四、存货经济批量基本模型

从存货成本的构成可以看出，如果存货过多，容易造成存货损坏、变质，并增加机会成本和保险费用等不必要的成本；如果存货过少，就可能发生缺货成本。因此，旅游企业财务部门必须合理确定进货批量和进货时间，使存货的总成本最低。能够使一定时期存货总成本最低的采购数量,称为存货的经济批量或经济订货量(economic order quantity,EOQ)。

(一)存货经济批量基本模型的假设条件

存货经济批量基本模型的建立需要设立如下假设条件:
(1)企业能够及时补充存货,即需要订货时便可立即取得存货;
(2)能集中到货,而不是陆续入库;
(3)不允许出现缺货情形,即不存在缺货成本,这是因为良好的存货管理本来就不应该出现缺货;
(4)需求量稳定,并且能预测,即 D 为已知常量;
(5)存货的价格稳定即 U 为已知常量,且不存在商业折扣(即数量折扣);
(6)企业现金充足,不会因现金短缺而影响进货;
(7)所需存货市场供应充足,不会因买不到需要的存货而影响其他部门的工作。

(二)经济批量基本模型

在上述假设条件下,与存货总成本直接相关的就只有相关订货成本和相关储存成本两项,即存货相关总成本=相关进货费用+相关存储成本,用公式表示如下:

$$TC^* = (D/Q)K_1 + F_2 + (Q/2)K_2$$

因 D, K_1, K_2 均为常数,存货相关总成本 TC^* 的大小就取决于 Q。对上式求导数,令导数为 0,可得出使 TC 最小的 Q。

同样,在不存在存货价格折扣(即数量折扣)的情况下,当变动订货成本等于变动储存成本时的存货管理成本之和最小,此时订货数量为经济订货量,即

$$(D/Q)K_1 = (Q/2)K_2$$

可求得:

$$Q^* = \sqrt{\frac{2K_1 D}{K_2}}$$

上式称为经济订货批量的基本模型,Q^* 即为经济订货量。据此可计算出以下指标:

经济订货批量的最小存货相关总成本:

$$TC^* = \sqrt{2K_1 K_2 D}$$

经济订货批量平均占用资金:

$$W = \frac{Q^*}{2}U = \sqrt{\frac{K_1 D}{2K_2}}U$$

年度经济最佳订货次数:

$$N = D/Q^* = \sqrt{\frac{DK_2}{2K_1}}$$

【例5-6】某温泉酒店每年需耗用某食品原材料 3 000 千克,该材料的单价为 60 元每千克,单位储存成本 2 元,平均每次进货费用 120 元。假设一年为 360 天,则最佳订货次数及最佳订货周期计算如下:

$$Q^* = \sqrt{\frac{2 \times 120 \times 3\ 000}{2}} = 600(千克)$$

$$TC^* = \sqrt{2 \times 120 \times 3\,000} = 848.5(元)$$

$$W = \frac{600}{2} \times 60 = 18\,000(元)$$

$$N = 3\,000/600 = 5(次)$$

最佳订货周期=360/5=72(天),即每隔72天订货一次。

五、存货日常管理

(一)ABC法

ABC法是意大利经济学家巴雷特于19世纪首创的,后经不断发展,现已广泛用于存货管理。该方法的核心思想是抓住重点、带动一般,具体来说就是将旅游企业品种繁多的各种物资划分为A、B、C三类,对不同类物资采用不同控制措施的一种管理方法。

该方法的基本步骤是:

(1)计算每一种存货在一定时间内的资金占用额;

(2)确定并排序每种资金占用额占全部资金占用额的百分比;

(3)依据重要程度、消耗数量、价值大小、资金占用等情况对存货进行分类,A类物资需重点管理,B类物资次重点管理,C类物资一般管理。

这种对物资实行区别对待、重点管理的方法,可以使管理者的主要精力从烦琐的工作中解脱出来,因此ABC分析法是合乎经济原则的。

(二)订货点法

订货点是指某项物资在一定日期必须进行订货的存货数量,即存货量达到此点就要订货,一般来说,确定订货点时需要考虑以下因素:

(1)平均每天的正常耗用量;

(2)预计每天最大耗用量;

(3)订货提前时间,即从发出订单到货物验收完毕所用的时间;

(4)预计最长提前时间;

(5)保险储量,即为防止耗用量突然增大或交货误期所必需的储备量。

在综合考虑以上因素的情况下,订货点公式为:

订货点=(预计每天最大耗用量×预计最长提前时间-平均每天正常耗用量×订货提前时间)/2

【例5-7】某酒店餐饮部正常情况下每天耗用某种原料为10听,订货的提前时间为1天,预计高峰期最大耗用量为13听,最长提前期为1.5天,则:

$$订货点=(13\times1.5-10\times1)/2=4.75(听)$$

该酒店在该类原料方面控制的订货点约为5听。

【例5-8】已知ABC公司与库存有关的信息如下:

(1)年需求量为30 000单位(假设一年为360天);

(2)购买价格每单位100元;

(3)库存储存成本是商品买价的0.3%;

(4)订货成本每次 60 元;

(5)公司希望的安全储备量为 750 单位;

(6)订货至到货的时间间隔为 15 天。

问:(1)经济订货量为多少?(四舍五入取整)

(2)存货水平为多少时应补充存货?

(3)存货平均占用资金为多少?

在不存在存货价格折扣(即数量折扣)的情况下,当变动订货成本等于变动储存成本时的存货管理成本之和最小,此时订货数量为经济订货量,即

$$(D/Q)K_1 = (Q/2)K_2$$

$$\frac{30\,000}{Q} \times 60 = \frac{1}{2} \times Q \times 100 \times 0.3\%$$

$$Q = 3\,464(单位)$$

订货点=交货日期×日耗用量+保险储备量=15×30 000/360+750=2 000(单位)

存货平均占用资金=(平均存货+保险储备量)×存货单价=(3 464/2+750)×100=248 200(元)

【例 5-9】ABC 酒店的一种新型产品的促销很成功,估计年平均销量为 1 000 单位,每单位售价为 750 元,每单位存货的年储存成本是 100 元,每次订货成本为 80 元,改新型产品的每单位购买价格 500 元,要求通过计算回答以下问题:

(1)ABC 酒店该产品的经济订货量是多少?存货的年总成本(包括购置成本)是多少?

(2)若 ABC 酒店每次订货 80 或超过 80,供货商愿意提供 0.5%的折扣,该酒店是否应该在每次购买时订购 80?

解:

(1)存货的经济订货量为 1 000/Q×80=1/2×Q×100,计算得出 Q=40(单位)。

存货订货成本=1 000/40×80=2 000(元)

存货存储成本=40/2×100=2 000(元)

存货购置成本=1 000×500=500 000(元)

存货总成本=2 000+2 000+500 000=504 000(元)

(2)若订货 80 单位,存货总成本计算如下。

存货订货成本=1 000/80×80=1 000(元)

存货存储成本=80/2×100=4 000(元)

存货购置成本=1 000×500×0.995=497 500(元)

存货总成本=497 500+1 000+4 000=502 500(元)

由于订货 80 单位的总成本低于按照经济批量订货下的总成本,所以每次应订货 80 单位。

(三)基础管理

1.完善存货采购申报制度,按核定的资金定额控制采购资金占用量

在常规采购系统正常运转情况下,依据接待量的波动规律和库存物资实有数量的变化,灵活调整采购数量及采购频率,以形成基于常规采购系统的动态采购模式。为此必须做到:

(1)采购申报制度化;

(2)采购人员轮岗化;

(3)采购数量灵活化;

(4)采购规格统一化;

(5)采购价格协商化;

(6)采购评价整体化。

2.认真做好存货验收入库工作

坚持验收原则,实行存货验收一票否决制,对验收合格的物资尽快归入不同的货架,依据不同物资的保管要求,做到:

一全:相关制度健全;

二有:有岗位责任、有存货定额;

三化:仓库环境整洁化、材料堆放有序化、材料收发规范化;

四符:账、卡、物、种相符;

五防:防火、防盗、防潮、防霉、防过期。

3.严格执行存货领发料制度

避免无凭据的口头领料,避免领料时间混乱导致管理效率低下,避免一些物料随包装物退出时流失,防止发料中出现数量不等、规格不符、责任不清、时间不一等混乱现象,为此必须坚持做到六化:

(1)领发料依据表单化;

(2)领发料签字责任化;

(3)领发料时间统一化;

(4)领发料顺序有序化;

(5)领发料计价稳定化;

(6)领发料检查仔细化。

4.坚持完善月末存货盘点制

盘点方法既可以账面数字核对实物,也可以实盘数核对账目。前者对账内品种不易漏掉,但对账外品种容易漏盘;后者虽盘点比较全面彻底,但在与账面核对时较为麻烦。对盘点结果要编制盘点报告单,对盘盈的存货可冲减管理费用;对盘亏和毁损的存货在扣除过失人及保险公司赔款和残料价值之后,可计入管理费用;对由于非常原因造成的毁损部分,在扣除保险公司赔款和残料价值之后,可计入营业外支出。为此必须做到:

(1)盘点人员多元化;

(2)盘点时间定期化;

(3)盘点项目细分化;

(4)盘点核算定量化;

(5)盘点处理及时化。

本章小结

流动资产是指可以在1年内或者超过1年的一个营业周期内变现或运用的资产。主要包括货币资金、应收及预付款项、存货、短期投资等。

流动资产的特点包括：占用内容的多样性、占用形态的变动性、占用数量的波动性、占用效果的时间性。

提高流动资产管理效果必须明确流动资产管理目标与要求。流动资产管理目标就是要加速流动资产周转速度，以最合理的流动资产占用实现最大的投资效益，具体来说表现在以下两个方面：首先，在数量上要降低流动资产占用量；其次，在结构上要优化各类流动资产占用比例。流动资产管理要求有：从总量上控制流动资产资金占用量，降低无效占用，为提高周转速度奠定基础；从结构上协调好各流动资产间的比例关系，重点管理好存货和应收账款等主要流动资产。

从旅游企业流动资产包括的内容来看，流动资产可以分为货币资产、应收账款资产和存货资产。存货资产是旅游企业尤其是饭店企业的重要流动资产形式。所谓存货是指旅游企业在生产经营过程中为销售或者耗用而储备的物资，包括各种原材料、燃料、物料用品、低值易耗品、商品等。旅游企业存货管理目标是在保证企业正常经营需要的前提下，降低存货资产管理总成本。

旅游企业存货资产管理内容主要包括：合理核定存货资金占用额，以提高存货资金周转率；合理确定存货订货点和存货经济订货量，以降低存货资金成本；合理核算存货发出成本，以核定生产成本和控制纳税额；合理安排存货摆放位置，以降低存货损耗。旅游企业存货管理的模式主要包括ABC法、订货点法、经济订货量法。对存货资产的日常管理需要把握以下几点：完善存货采购申报制度，按核定的资金定额控制采购资金占用量；认真做好存货验收入库工作，坚持验收原则，实行存货验收一票否决制；严格执行存货领发料制度，避免无凭据的口头领料，避免领料时间混乱导致管理效率低下，避免一些物料随包装物退出时流失，防止发料中出现数量不等、规格不符、责任不清、时间不一等混乱现象；坚持完善月末存货盘点制，对盘点结果及时做出处理。

思考与练习

1. 旅游企业流动资产的含义是什么？如何理解流动资产分类方法及其重要意义？
2. 现金管理的重要性有哪些？你认为现金管理中最重要的环节是什么？
3. 如何做好银行存款的管理工作？为什么要定期进行银行存款对账单的核对工作？

案例分析

禁足的春节,旅游业的劫[①]

微信不振、手机不响。这是关鹏进入旅游行业12年来,第一个没有电话打扰的春节。

而他和朋友圈里所有的旅游人一样,都快憋疯了。因为他们知道,安静,对旅游业来说是致命的。

2020年1月24日,文化和旅游部办公厅印发紧急通知,由于新型冠状病毒引发的肺炎疫情,要求即日起,全国旅行社及在线旅游企业暂停经营团队旅游及"机票+酒店"旅游产品。1月27日后,包括出境游在内的所有团队游及"机票+酒店"服务也需全面暂停。

其间,各OTA平台和民航局等部门发布通知,会为用户免费办理退订业务。此外,携程还公布了将提供2亿元重大灾害保障金,以确保用户无损退订的消息。

关鹏不知道,该消息一出,他的部分同行们正在几个300人微信群跟携程、去哪儿、途牛等OTA平台上演了一场"索赔大戏",甚至有人言辞激烈。

"谢谢你,携程,别把伪善当正义。行业遭遇灾难的时候携程吃着我们供应商群体的血肉馒头,做着他的慈善广告!作为行业标杆请自己掏钱将2亿元现金捐给疫区人民!""希望去哪儿、携程真正自己掏钱承担,不要跟供应商扯皮。""去哪儿承担50%损失的现金,其余由供应商承担,平台虽承担另外的50%,但是以1.2倍广告推广费的形式,还是在经营恢复之后,这也就意味着,损失的另外50%还是继续由供应商以现金的方式承担。这个方案绝对是羞辱和欺负供应商到家了!好人都让平台去做了!"

虽然还有其他OTA平台,但大家的矛头集体指向了携程。旅游行业的供应商们希望这个大平台能尽早明确损失并制定一些分担政策。

停团前,关鹏和团队为春节线路已经准备了40多天的时间。考察调研、线路整合、后期宣传,前期成本就有10万元左右。

停团后,由于关鹏主营国内B端批发商的业务,会事先同酒店、交通部门、旅游景点等签订协议并预先购买服务项目,然后设计出不同的包价旅游产品,通过平台销售给旅客,所以覆盖面较广。此次退团就涉及国内乘坐飞机、高铁和大巴的40多个团队,共约2000名游客。

在原本的计划中,这次春节,关鹏的公司能赚20万元左右。随着疫情的蔓延,旅游业从最初仅限武汉地区业务受挫,到后来的逐步缩紧乃至全面停摆,短短一周,关鹏已经赔了大约30万元。这对于一个只有十几个办公人员的小旅行社来说,已然是损失惨重。

[①] 阿岛.禁足的春节,旅游业的劫.[EB/OL]. https://www.huxiu.com/member/2657090.html,2020-01-30.

根据《旅游法》第六十七条的规定,遇到"不可抗力"因素而导致合同不能继续履行时,旅行社和旅游者均可以解除合同。合同解除时,组团社应当在扣除已向地接社等各方支付且不可退还的费用后,将余款退还旅游者;合同变更时,因此增加的费用由旅游者承担,减少的费用退还旅游者。

因此,扣除损失后返还旅客,是合情合法的应对措施;而无损免费退,则是供应商无法承受之重。

"所有同行都在按照政策努力挽损,你非要自己提前发布(免费)退改政策,那不是要了其他旅行社的命吗?"小路在群里替自己和同行叫屈。

此外,还让群里的许多供应商们感到群情激愤的,是携程发布另一则消息:将提供 2 亿元的重大灾害保障金,以保证旅客费用的退还。

在他们看来,要兑现这 2 亿元以及免费退改签的承诺,要么会利用供应商在OTA 平台的押款,要么会要求供应商来共同承担。

押款是怎样产生的?通常来说,供应商将机票、酒店、门票等产品放到 OTA 平台去售卖,用户通过平台购买来享受所有服务。用户把钱交付平台之后,需与平台核实,并开具发票,平台才能根据协议规定以及发票的到达与否,最后同供应商结款。

也许因为自己规模小,款项不多,一般 1-2 周就能到账。而对于一些做出境游或者需要提前预订机位的大旅行社而言,这笔押款就是一笔不小的数目,难免担惊受怕。

思考问题:

1.在各部门发布通知会为用户免费办理退订业务,以及携程还公布了将提供 2 亿元重大灾害保障金,以确保用户无损退订的消息之后,为何各大供应商会反应如此激烈?

2.急缺资金的情况下,供应商们应具体做出哪些努力?

课外延展

1.选择一家西式快餐店进行调查,了解它是如何进行流动资产管理的?与中式快餐店进行比较,从中可以借鉴什么?不能照搬什么?为什么?

2.如果你是一家旅游企业的经理,如何建立企业的流动资产管理规章制度?如何让员工坚决执行这些制度呢?

第六章

旅游企业固定资产管理

学习目标

通过本章的学习,理解固定资产及其分类和计价的基本含义,掌握固定资产折旧方法,了解固定资产日常管理内容,明确固定资产分析内容,能够结合不同旅游企业的特征形成不同的固定资产管理决策。

学习重点

通过本章学习,重点掌握以下知识要点:

1. 固定资产的概念、特征,掌握固定资产的分类及计价方法;
2. 固定资产折旧的概念、计提范围及其计算方法;
3. 固定资产日常管理的主要内容,了解固定资产分析的指标及其作用。

关键概念

固定资产 历史价值 折旧 净残值 平均年限法

第一节 旅游企业固定资产管理概述

一、旅游企业固定资产概念

旅游企业固定资产是指企业为生产产品、提供劳务、出租或者经营管理而持有的、使用年限超过12个月的非货币性资产。包括房屋、建筑物、机器、机械、运输工具和其他与生产经营有关的设备、器具、工具等。

与制造业相比,旅游企业固定资产既具有一般固定资产特点,又具有自身独特性,理解旅游企业固定资产概念时,需要认识到其具有的不同特点。

(一)固定资产的一般特征

从存在目的上说是企业的劳动工具或手段,而非其出售的产品;从实物形态上说保留时间长。作为劳动资料,固定资产会在较长的使用期限中保留原来的实物形态;从价值形态上说回收速度慢,在一定时期内其价值随磨损逐渐转移。

(二)旅游企业固定资产的特殊性

从固定资产消耗主体来说,更多地表现为顾客使用固定资产或顾客与员工共同使用固定资产。一般制造业是员工消耗固定资产,生产出有形产品供顾客消费,而旅游企业提供的是服务产品,员工的生产过程就是顾客的消费过程,因此固定资产数量能否满足顾客需要、档次能否适应顾客需求、固定资产维修保养及完好性如何,都直接影响顾客对服务产品质量感知的高低,进而影响旅游企业在市场上的经营信誉和经营能力。因此,旅游企业在固定资产管理上必须注意把握更新速度和顾客需求变化趋势,区分好固定资产维护责任,提高固定资产服务能力。

从固定资产种类上说,表现为品种繁多,且处于不同的经营场所内。这种繁杂性和分散性增加了固定资产管理和考核的难度。因此,旅游企业在固定资产管理上必须注意制定明确的管理制度,实行谁用谁管、谁管谁负责的归口分级管理制。

二、旅游企业固定资产分类

(一)旅游企业固定资产分类方法

固定资产分类就是按照一定的标准,将固定资产划分为若干类别,以便于固定资产的管理。由于划分的标准不同,固定资产可以有不同的分类。

1. 按经营用途划分,可分为营业用固定资产和非营业用固定资产

营业用固定资产是指旅游企业直接或间接地服务于游客的固定资产,如客房、餐厅、商场、厨房、各种健身娱乐设施、各类库房、各种供电、供水、供热设施及运输设备等;非营业用固定资产是指不用于服务游客的固定资产,如职工食堂、医务室、职工浴室、托儿所等用于旅

游企业职工生活和福利的设备、设施。

2.按使用情况划分,可分为在用固定资产、未使用固定资产和不需用固定资产

在用固定资产是指正在使用的营业用和非营业用固定资产,由于季节性或修理原因暂时不用的固定资产如冬天闲置的供冷空调器等也是在用固定资产。未使用固定资产是指尚未投入使用的新增固定资产和停止使用的固定资产,如尚未安装调配好的固定资产、由于改扩建在一段时期内不使用的固定资产等。不需用固定资产是指不适于本企业使用或多余的等待处理的固定资产。

3.按所属关系划分,可分为自有固定资产、外单位投入固定资产和租入固定资产

自有固定资产是指用资本金或其他自有资金购建的归企业长期支配使用的各项固定资产。外单位投入固定资产指企业与其他单位联合经营,由其他单位投资转入的固定资产。租入固定资产是指企业向外单位或个人租入的支付租金的固定资产,只有使用权,而无所有权。这里还有一种属于融资租赁的固定资产,指企业向经营租赁业务的公司租入的固定资产,租赁期满,租赁费用付清,资产所有权即转归企业所有。

4.按实物形态划分,可分为七大类,即房屋及建筑物、机器设备、交通运输工具、家具设备、电器及影视设备、文体娱乐设备、其他设备

房屋及建筑物包括营业用房、非营业用房、简易房。机器设备包括供电系统设备,供热系统设备、中央空调设备、通信设备、洗涤设备、维修设备、厨房用具设备、电子计算机系统设备、电梯、相片冲印设备、复印打字设备、其他机器设备。交通运输工具包括各类客车、行李车、货车、摩托车。家具设备包括营业用家具设备、办公用家具设备、各类地毯。电器及影视设备包括闭路电视播放设备、音响设备、电视机、电冰箱、空调器、电影放映机及幻灯机、照相机、其他电器设备。文体娱乐设备包括高级乐器、游乐场设备、健身房设备。其他设备包括工艺摆设、消防设备等。

三、固定资产的计价

固定资产的计价是以货币为计量单位来计算固定资产价值的大小,它是真实反映旅游企业财产状况的必要条件,也是计提折旧的重要前提。固定资产计价通常有以下三种方式:

(一)按原始价值计价

原始价值也称原价或原始成本,是指旅游企业购建固定资产时所发生的全部货币支出,包括买价、运杂费、保险费等,由于固定资产来源不同,原始价值的确定也有所不同,新增固定资产按下列规定计价:

(1)新购置的固定资产,以买价加支付的运输费、途中保险费、包装费和安装成本及缴纳的税金等计价;

(2)旅游企业的在建工程按下列原则计价:

①工程用材料,以取得时的各项实际支出计价;工程管理费,按照实际发生的各项管理费用计价。

②出包工程,按应支付的工程价款及所分摊的工程管理费等计价。

③设备安装工程,按所安装设备的原价、工程安装费用、工程试运转支出以及所分摊的工程管理费等计价。

④虽已交付使用但尚未办理竣工决算的工程,自交付使用之日起,按工程预算、造价或工程成本等资料,估价转入固定资产,竣工决算办理完毕后,再按决算数调整原估价。

⑤在建工程的计价处理:在建工程发生报废或者毁损,将扣除残料价值和过失人或保险公司等赔偿后的净损失,计入施工工程成本;由于非常原因造成的报废或者毁损,其净损失在筹建期间计入开办费,在投入生产经营以后计入营业外支出。工程交付使用前因试营业发生的支出,不得计入工程成本,发生的收入不得冲减工程成本,收入减支出后的净额计入当期损益。

(3)在原有固定资产基础上进行改造、扩建的,按原固定资产价值,加上由于改造、扩建而发生的支出,减去改造、扩建中发生的变价收入后的余额计价。

(4)自制自建的固定资产,按在建造过程中实际发生的全部支出计价。

(5)投资者投入的固定资产,按评估确认的价值或合同协议约定的价格计价。

(6)融资租入的固定资产,按租赁协议或合同确定的价款加运输费、途中保险费、安装调试费等计价。

(7)接受捐赠的固定资产,按发票账单或资产验收清单所列金额加上由旅游企业负担的运输、保险、安装等费用计价。

这种计价方式可以反映出对固定资产的原始投资规模和经营能力,也是计提折旧的重要根据,如果把它与企业财务成果进行比较的话,还可以分析考核固定资产的投资效果和利用效率。

(二)按折余价值计价

折余价值又称净值,是指固定资产原始价值减去已提折旧累计额后的净额。这种计价方式可以反映企业当前固定资产实际占用资金水平,通过折余价值与原始价值的对比,还可以了解固定资产的新旧程度,为合理安排固定资产的使用和更新打下基础。

(三)按重置完全价值计价

重置完全价值又称重估价值,是指按当前生产条件和价格标准,重新购置固定资产所需的全部支出。对于企业来讲以下几种情况可以使用重置完全价值计价:

(1)原始价值记录不全、不准,无法正确反映实际情况的固定资产。

(2)现有固定资产经改造、扩建后,如果实际价值与原始账面价值相差太远,经批准可以采用重置完全价值计价。

(3)盘盈固定资产可以按重置完全价值计价,接受捐赠的固定资产也可按重置完全价值计价。

这种计价方式,可以在统一价格的基础上综合反映固定资产的投资规模,考察企业各个时期固定资产的装备水平。

第二节 固定资产折旧管理

一、折旧的概念

固定资产在使用中会发生损耗,形成损耗的原因有两类:一类是有形损耗,是使用中的物质磨损和自然力的作用而引起的磨损;另一类是无形损耗,是由于技术进步和劳动生产率提高而引起的价值上的损失。

固定资产折旧是指固定资产在使用过程中,由于损耗而转移到费用中去的那部分价值。这部分价值通过提供服务,从取得的营业收入中得到补偿,为今后固定资产的更新筹集资金。

固定资产折旧额的大小取决于固定资产原值和残值的高低及折旧年限的长短。在前者一定的情况下,折旧年限越长,折旧额就越低。而确定折旧年限时不仅要考虑有形损耗所决定的自然使用年限,还要考虑到无形损耗所决定的经济使用年限,这样才能使固定资产的所有损耗都能得到适当的补偿,尤其是在技术进步和顾客需求变化日益加快的环境下,必须高度重视无形损耗的影响。

二、折旧的计提范围

除以下情况外,企业应对所有固定资产计提折旧:
(1)房屋、建筑物以外未投入使用的固定资产;
(2)以经营租赁方式租入的固定资产;
(3)以融资租赁方式租出的固定资产;
(4)已足额提取折旧仍继续使用的固定资产;
(5)与经营活动无关的固定资产;
(6)单独估价作为固定资产入账的土地;
(7)其他不得计算折旧扣除的固定资产。

三、固定资产折旧计算

固定资产折旧的计算有两类方法:一类为直线折旧法,包括平均年限法和工作量法;另一类为加速折旧法,包括双倍余额递减法和年数总和法。

(一)直线折旧法

1. 平均年限法

平均年限法是指根据固定资产预计使用年限(折旧年限)和预计净残值,按年均等计算、提取折旧的方法。采用这种方法,各个计算期的折旧额是相等的,在直角坐标系内表现为一条直线,故而被称为"直线法",使用平均年限法计提折旧的公式如下:

$$年折旧额 = \frac{固定资产原值 - 净残值}{规定使用寿命}$$

净残值＝预计残值－预计清理费用

月折旧额＝年折旧额/12

固定资产原始价值是指旅游企业在取得固定资产时按实际支出记入固定资产账户的原始价值。固定资产残值是指固定资产失去使用价值以后经过清理所得到的变价收入，它不需要以折旧的方式来补偿，所以应从原值中减去。固定资产清理费用是指对报废的固定资产进行拆除和搬运所发生的费用，它是因清理固定资产而发生的费用，所以应从折旧中得到补偿。固定资产净残值是固定资产残值减去固定资产清理费用后的余额。

【例6-1】某酒店有一批电脑，原始价值15万元，预计使用期限5年，净残值3万元，平均年限法折旧，每月折旧额是多少？

$$年折旧额＝\frac{150\,000－30\,000}{5}＝24\,000(元)$$

$$月折旧额＝24\,000/12＝2\,000(元)$$

【例6-2】某酒店有一固定资产原始价值13万元，净残值率5%，预计可使用5年，则月折旧额为：

$$年折旧率＝\frac{1－5\%}{5}×100\%＝19\%$$

$$月折旧率＝19\%/12×100\%＝1.58\%$$

$$月折旧额＝130\,000×1.58\%＝2\,054(元)$$

平均年限法是在使用期限内平均分摊折旧的方法，凡是在1年中均衡使用或者基本上均衡使用，各期磨损程度相似的固定资产都可以采用这种方法。

2. 工作量法

工作量法是根据固定资产在使用期间预计的工作量平均分摊折旧总额的方法。该方法用每单位相同的折旧额乘以一定时期内的工作量，求出此时期应提折旧额，其计算公式为：

$$每单位折旧额＝\frac{固定资产原值－净残值}{预计总工作量}$$

$$月折旧额＝每单位计提折旧额×每月工作量$$

【例6-3】某酒店拥有小型运输车一辆，原值10万元，预计总行驶里程50万千米，净残值2万元，则该车行驶20万千米时应提折旧额是多少？

$$单位折旧额＝(100\,000－20\,000)/50＝1\,600(元)$$

行驶20万千米时应提折旧：

$$20×1\,600＝32\,000(元)$$

【例6-4】某公司有货运卡车一辆，原价为150 000元，预计净残值率为5%，预计总行驶里程为300 000公里，当月行驶里程为5 000公里，则该项固定资产的月折旧额计算如下：

$$单程里程折旧额＝150\,000×(1－5\%)/300\,000＝0.475(元/公里)$$

$$本月折旧额＝5\,000×0.475＝2\,375(元)$$

【例6-5】甲公司的一台机器设备原价为680 000元，预计生产产品产量为2 000 000件，预计净残值率为3%，本月生产产品34 000件。则该台机器设备的月折旧额计算如下：

$$单件折旧额＝680\,000×(1－3\%)/2\,000\,000＝0.329\,8(元/件)$$

$$月折旧额＝34\,000×0.329\,8＝11\,213.2(元)$$

这种折旧额的计算方法,主要适用于磨损程度与工作量有密切关系的固定资产。这样计算,便于折旧与收入相互衔接,保持费用的合理性。

上述两种折旧方法是我国目前普遍采用的方法。对于旅游企业来说,考虑到它特殊的服务对象以及要达到的服务标准,其设备、设施的使用期限不可能太长,也就是说,旅游企业固定资产无形磨损大,要求更新期限短。为此,部分设备经批准后可采用加速折旧法计提折旧。近年来,大量合资酒店相继建立,在折旧管理上采用加速折旧法的已为数不少。加速折旧法也叫递减折旧法,这种折旧法的最大特点是在固定资产有效使用年限的前期计提较多的折旧,在后期则计提较少的折旧,从而相对加快了折旧的速度。

(二)加速折旧法

1. 双倍余额递减法(double declining balance method,DDB)

双倍余额递减法是在不考虑固定资产残值的情况下,以平均年限法折旧率的2倍为折旧率,再乘以固定资产在每一会计期初的账面净值,计算每期折旧额的一种方法。账面净值是固定资产原值扣除累计折旧后的余额。由于该方法不从原值中扣减估计残值,所以将固定资产原值作为100%,除以折旧年限,便可得到直线折旧率,再乘以2即为双倍折旧率,具体计算方式如下:

$$折旧率 = \frac{2}{预计使用年限} \times 100\%$$

$$年折旧额 = 年初折余价值 \times 折旧率$$

【例6-6】某酒店一台设备原值为8万元,预计净残值为2 000元,预计使用年限5年。则折旧率为:

$$折旧率 = 2/5 \times 100\% = 40\%$$

该设备各年折旧额如表6-1所示。

表6-1 该设备各年折旧额

单位:元

年限(年)	折旧额	累计折旧	账面净值(折余价值)
1	32 000	32 000	48 000
2	19 200	51 200	28 800
3	11 520	62 720	17 280
4	7 640	70 360	9 640
5	7 640	78 000	2 000

采用双倍余额递减法,由于净值逐年递减,在折旧率不变的情况下,净值永远无法摊完,所以计算中如果该期应计折旧额小于用平均年限法计算的折旧额,可以从该期开始,改用平均年限法计算折旧。使固定资产使用期满时,其账面净值与预计残值相等。在例6-6中,第4年用双倍余额递减法计算折旧额为6 912元,而用平均年限法计算的折旧额为7 640元,所以从第4年开始改用平均年限法,则第4年和第5年折旧额为:(17 280-2 000)/2=7 640(元)。

【例6-7】某电子生产企业进口一条生产线,安装完毕后固定资产原价为300 000元,预计净

残值为8 000元,预计使用年限5年。该生产线按双倍余额递减法计算的各年折旧额如下:

双倍直线折旧率＝2/5×100％＝40％

第一年应提折旧＝300 000×40％＝120 000(元)

第二年应提折旧＝(300 000－120 000)×40％＝72 000(元)

第三年应提折旧＝(300 000－120 000－72 000)×40％＝43 200(元)

第四年固定资产账面价值＝300 000－120 000－72 000－43 200＝64 800(元)

第四、五年应提折旧＝(64 800－8 000)/2＝28 400(元)

每年各月折旧额根据年折旧额除以12来计算。

2. 年数总和法(sum of the years digits method, SYD)

它是以固定资产原值扣除净残值后的余额与一个逐年变动的折旧率相乘来计算各年折旧额的一种方法。由于折旧率是逐年变动的,因此该方法也称为变率递减法,其计算公式为:

固定资产年折旧额＝(原值－净残值)×当年的折旧率

$$当年折旧率 = \frac{尚可使用年数}{年数总和}$$

该折旧率是将使用年限的序数之和作为分母,假设使用年限为 n 年,则分母是 $\frac{n(n+1)}{2}$ 的公式来计算。

【例6-8】接例6-1,以5年使用期限为例,从第一年开始尚可使用的年数分别是5、4、3、2、1,折旧率分别为5/15、4/15、3/15、2/15、1/15。该设备各年的折旧额如表6-2所示。

表6-2 该设备各年的折旧额

单位:元

年份(年)	原值－净残值	尚可使用年数(年)	折旧率	折旧额	累计折旧	账面价值
1	78 000	5	5/15	26 000	26 000	54 000
2	78 000	4	4/15	20 800	46 800	33 200
3	78 000	3	3/15	15 600	62 400	17 600
4	78 000	2	2/15	10 400	72 800	7 200
5	78 000	1	1/15	5 200	78 000	2 000(残值)
15				78 000		

无论是采用直线法折旧,还是采用加速折旧法折旧,在固定资产有效使用年限内计提的折旧总额是一样的。但采用加速折旧法由于在前期计提较多的折旧费,可以使投资的大部分尽早收回,减少投资风险,满足货币时间价值的要求,同时由于多提折旧,费用增大,利润减少,从而可以少缴所得税。比较而言,直线折旧法各期摊提的折旧均匀,虽不能像加速折旧法一样获得节税效应,但是也不会大幅降低利润,绩效比较均匀,与费用的匹配比较均衡。

【例6-9】某企业某项固定资产原价为80 000元,预计净残值为5 000元,预计使用年限为5年。

要求：按平均年限法、双倍余额递减法和年数总和法计算5年的折旧额。

(1) 平均年限法每年折旧额＝(80 000－5 000)/5＝15 000(元)

(2) 双倍余额递减法：

第一年折旧＝80 000×(2/5)＝32 000(元)

第二年折旧＝(80 000－32 000)×(2/5)＝19 200(元)

第三年折旧＝(80 000－32 000－19 200)×(2/5)＝11 520(元)

第四年年折旧＝(80 000－32 000－19 200－11 520－5 000)/2＝6 140(元)

第五年折旧同第四年。

(3) 年数总和法：

第一年折旧＝(80 000－5 000)×(5/15)＝25 000(元)

第二年折旧＝(80 000－5 000)×(4/15)＝20 000(元)

第三年折旧＝(80 000－5 000)×(3/15)＝15 000(元)

第四年折旧＝(80 000－5 000)×(2/15)＝10 000(元)

第五年折旧＝(80 000－5 000)×(1/15)＝5 000(元)

第三节　固定资产日常管理

固定资产的日常管理是对旅游企业使用固定资产的各个部门所进行的经常性管理，其目的在于保证固定资产的安全完整，提高固定资产的使用效率。

一、实行固定资产归口分级管理，建立使用保管责任制

旅游企业固定资产种类繁多，数量很大，使用地点又很分散。因此，要管好固定资产，旅游企业应将所有固定资产归口列入有关部门，根据"谁用谁管"的原则，将固定资产管理的权限和责任下放到各使用部门并落实到班组和个人，层层落实，明确责任。归口管理部门应配备专职或兼职管理人员负责归口管理工作，并为每项固定资产开设"固定资产卡"，以登记固定资产的编号、名称、型号规格、技术特征、附属物、使用单位、所在地点、开始使用日期、原值等信息。归口部门设立的固定资产卡要定期与财务部门的固定资产明细账进行核对，确保账卡相符。固定资产的使用保管部门要负责固定资产的维护保养工作，定期进行固定资产的大修和全面检查，保证固定资产完整无缺，不断提高完好率和利用率，防止意外事故发生给企业造成不良影响及带来不必要的损失。

二、根据业务经营情况，合理配置固定资产

在购建固定资产时，旅游企业必须进行充分的可行性分析和论证，看其是否符合企业经营业务需要，能否给企业带来预期回报；然后上报有关部门批准后方可执行，而且要办理好相关手续。在交付使用时，应由财务部、归口管理部门、使用部门共同验收，以确保所购固定

资产符合本企业的经营需要。调出、出租、出借固定资产时,必须报经相关部门批准并严格履行相关手续,以确保固定资产的完整无缺。固定资产的报废和毁损,要及时办理相关手续,并报经上级有关主管部门批准后,方可进行有关清理工作。

三、建立固定资产盘点清查制度

财务部门应通过定期盘点清查,从价值角度对固定资产进行管理,保证账账相符、账卡相符和账实相符。对于盘盈、盘亏的固定资产要填制"固定资产盘盈、盘亏明细表",并按相关规定报请处理。财务部门还应及时、全面地掌握固定资产的增减变动情况,正确计提折旧,以及时更新相关资产。

四、加强固定资产使用效果分析

为了减少固定资产的闲置,使固定资产得到充分利用,应当进行固定资产分析。通过分析,可以挖掘现有固定资产的使用潜力,使企业在不增加投入的情况下,提高接待能力,增加营业收入和利润。

本章小结

与制造业相比,旅游企业固定资产既具有一般固定资产特点,又具有自身独特性,固定资产的一般特征表现在:从存在目的上说是企业的劳动工具或手段,而非其出售的产品;从实物形态上说保留时间长,作为劳动资料,固定资产会在较长的使用期限中保留原来的实物形态;从价值形态上说回收速度慢,在一定时期内其价值随磨损逐渐转移。旅游企业固定资产的特殊性表现在:从固定资产消耗主体来说,更多地表现为顾客使用固定资产或顾客与员工共同使用固定资产。因此,旅游企业在固定资产管理上必须注意把握更新速度和顾客需求变化趋势,区分好固定资产维护责任,提高固定资产服务能力。从固定资产种类上说,表现为品种繁多,且处于不同的经营场所内。因此,旅游企业在固定资产管理上必须注意制定明确的管理制度,实行谁用谁管、谁管谁负责的归口分级管理制。

固定资产分类,就是按照一定的标准,将固定资产划分为若干类别,以便于固定资产的管理。由于划分的标准不同,固定资产可以有不同的分类:按经营用途划分,可分为营业用固定资产和非营业用固定资产;按使用情况划分,可分为在用固定资产、未使用固定资产和不需用固定资产;按所属关系划分,可分为自有固定资产、外单位投入固定资产和租入固定资产;按实物形态划分,可分为七大类,即房屋及建筑物、机器设备、交通运输工具、家具设备、电器及影视设备、文体娱乐设备、其他设备。

固定资产的计价是以货币为计量单位来计算固定资产价值的大小,它是真实反映旅游企业财产状况的必要条件,也是计提折旧的重要前提。固定资产计价的方式有三种,即按原始价值计价、按折余价值计价和按重置完全价值计价。

固定资产折旧是指固定资产在使用过程中,由于损耗而转移到费用中去的那部分价值。这里的损耗包括有形损耗和无形损耗两种。确定折旧年限时不仅要考虑有形损耗所决定的自然使用年限,还要考虑到无形损耗所决定的经济使用年限,这样才能使固定资产的所有损耗都能得到适当的补偿。

旅游企业固定资产折旧的计提有一定的范围规定:折旧的计提一般按月初固定资产的账面数额提取。固定资产折旧的计提方法包括直线法和加速折旧法,前者包括平均年限法和工作量法;后者包括双倍余额递减法和年数总和法。无论采用何种方法计提折旧,在固定资产有效使用年限内计提的折旧总额是一样的,所不同的是计提折旧总额的数量分布不同,直线折旧法分布均匀,而加速折旧法前期提的折旧多,后期提的少。

思考与练习

1. 旅游企业固定资产的含义和特点是什么?
2. 对固定资产进行分类可以为旅游企业管理好固定资产起到什么作用?如何对固定资产进行分类?
3. 旅游企业对固定资产进行计价的方法有几种?分别如何进行计价?
4. 为什么要对固定资产计提折旧?不计提折旧行不行?为什么?
5. 不同的固定资产折旧方法会产生什么样的后果?你认为旅游企业为什么更愿意采用加速折旧法计提折旧?

案例分析

华住联合TPG全资收购北京两酒店[①]

华住酒店集团宣布与另类资产管理公司TPG(德太集团)共同成立合资公司,并将以11.8亿元人民币全资收购腾飞酒店信托(新加坡)旗下的北京诺富特三元酒店和宜必思北京三元桥酒店。此项交易预计将在2018年上半年完成交割。交易完成后,这两家酒店将进行翻新改造,并由华住继续经营。

北京诺富特三元酒店和宜必思北京三元桥酒店的总建筑面积达32 585平方米,位于北京市朝阳区CBD中央商务区的核心位置,交通便捷,是中高档酒店选址的理想位置。其中,北京诺富特三元酒店是中高档酒店,宜必思北京三元桥酒店是经济型酒店。对于此次收购,华住酒店集团CEO张敏表示:"本次收购使我们能通过翻新改造和运营改善来打造全新的旗舰店。这不仅能强化华住在高端品牌的布局,还能通

[①] 第一财经.华住联合TPG全资收购北京两酒店[EB/OL]. https://www.yicai.com/news/5396321.html,2018-01-29.

过资产增值为我们创造良好的投资回报。轻资产的运营模式仍然是华住的战略重点。同时,华住也愿意以参股的方式,与重资产投资伙伴一起收购商业物业,充分发挥我们的运营能力,打造更多的旗舰店,并获取更多的资产投资收益。"

作为全球规模排名第9位的酒店集团,华住在中国超过370座城市里已经拥有3 700多家酒店。近年来,随着消费升级的加速,华住重塑汉庭"国民酒店"定位的同时,在中高档酒店市场的布局也不断深入。2014年底,华住与雅高酒店集团达成战略合作,通过交叉持股的方式,获得美爵、诺富特、美居、宜必思以及宜必思尚品的在华经营权;2017年初,华住又全资收购桔子水晶酒店集团,进一步完善中高端品牌的组合。同时,华住自创品牌禧玥、漫心、全季、CitiGO等也齐头并进,全面开花。截至2017年12月底,华住共有772家中高档酒店。根据第四季度业绩数据显示,这些中高档酒店的表现十分出色,同店RevPAR为261元,同比提升4.8%,入住率为83%,同比上升0.3%。

业内人士表示,当下可供新开发的地盘日益稀缺,中国一线和部分二线城市开始进入存量改造与城市更新阶段,商业地产急需改善运营以提升资产回报率。随着国内越来越多的高档和豪华酒店业主开始处置运营效率低下的资产,预计未来将有更多的酒店地产收购机会。

思考问题:
分析华住对北京诺富特三元酒店和宜必思北京三元桥酒店的收购对企业资产结构的影响?

课外延展

1.结合我国酒店业经营实际的调查,你认为在固定资产管理方面存在哪些严重问题?这些问题纠正起来容易吗?如何纠正?

2.结合一家具体的酒店,尝试为该酒店构建一套固定资产管理制度。

第七章

旅游企业其他资产管理

学习目标

通过本章的学习,了解其他资产包括的主要内容、特点,掌握日常管理中的要点;能够运用无形资产和递延资产的特征,正确认识该类资产在旅游企业经营过程中的地位,科学地对该类资产进行管理。

学习重点

通过本章学习,重点掌握以下知识要点:
1. 其他资产包括的主要内容、特点;
2. 无形资产和递延资产的特征等。

关键概念

无形资产　递延资产

第一节 旅游企业其他资产概述

一、旅游企业其他资产概念

旅游企业资产表现形态丰富多样,除前面论述的流动资产、固定资产以外,还包括无形资产、递延资产等资产类型。

无形资产是旅游企业长期使用但没有实物形态的资产,代表企业在较长时期内可以享受的法定权利或利益,包括专利权、商标权、著作权、土地使用权、非专利技术、特许经营权等。

递延资产也叫递延费用或递延支出,是指旅游企业在筹办和生产经营期间内发生的不能全部计入当年损益,应当在以后年度内分期摊销的各项费用支出,如开办费、以经营租赁方式租入的固定资产改良支出、固定资产大修理支出、摊销期在1年以上的其他待摊费用。

二、旅游企业其他资产的特点

(一)无形资产的主要特点

1. 存在的非实物性

无形资产只是旅游企业拥有的某种可能获利的权利,不存在实物形态,这是相对于有形资产的最明显的特征。

2. 拥有的独占性

无形资产只与特定的主体有关,在法律、契约或制度的保护下,禁止其他人无偿使用,因而表现为独占性拥有的特征。

3. 收益的长期性

无形资产属于长期资产范畴,可以连续在若干期内为企业创造效益,因此涉及在一定会计期间的摊销问题。

4. 效益的不确定性

无形资产必须依赖一定的物质条件和其他条件的配合才能为旅游企业创造效益,因此能否取得效益、能够取得多大效益不完全依赖于无形资产本身,所以说其效益的取得具有不确定性。

(二)递延资产的特点

1. 形成原因的多样性

从递延资产包括的内容来看,形成原因是多样的,既有开办企业时发生的开办费和汇兑损益开支,也有经营中出现的租赁费或大修理费等。因此,在对该类资产进行管理中必须分清原因。执行不同的管理制度或采取不同的管理措施。

2. 支付数量的大额性

递延资产从数量上说,一般金额都较大,无法在某一期内完全摊入费用中,因此要作为长期资产进行管理,解决逐期摊销问题。

3. 支付时间的集中性

相对于各期均匀发生的其他费用来说,递延资产的支付时间比较集中,一般都是发生在事前,而收益期却在事后,且持续时间较长。

4. 受益期限的滞后性

递延资产带来的效益是以某一时期的集中性投入为前提的,如正是因为有开办费的发生,才会为旅游企业后续经营活动的开展奠定基础,从费用和收入相匹配的原则来说,必须将开办费用逐期摊入费用中,从而必然形成递延资产。

第二节 旅游企业其他资产的管理

一、无形资产的管理

(一)无形资产的投资与转让管理

"好客山东"品牌价值达 170 亿元[①]

2007年山东策划创立了"好客山东"区域旅游品牌,通过凝练山东地域文化特征,20多年的"好客"文化成为"好客山东"品牌的核心价值。在"好客山东"品牌的传播与营销上,坚持以政府主导区域城市形象推介、以企业为主体做市场产品营销的原则,创新营销方式,实施"联合推介、捆绑营销"战略,整合全省的旅游促销资金、旅游资源在主流媒体上实行联合推介捆绑式营销,实现区域旅游形象、城市旅游形象推介和企业产品营销的互动多赢。

"好客山东"旅游品牌推出后,已经初步形成以全国优秀旅游城市、国家4A级景区、大型旅游企业为支撑的旅游品牌体系,并带动了山东旅游的发展,除了在旅游行业被广泛使用外,在山东省、市两级政府的重大经贸、文化、体育等活动中,也统一使用"好客山东"标识,于是"好客山东"迅速叫响全国。更为重要的是,山东省旅游局还首创了"联合推介、捆绑营销"的品牌传播模式,"泉城济南、逍遥潍坊、亲情沂蒙、运河古城、文化济宁、江北水城、好运荣成"等一系列城市旅游形象推广。显示出齐鲁大地丰富多彩的文化。"好客山东"高达170亿元的品牌价值,也让旅游企业纷纷活学活用了起来,讲起"好客山东"的故事。2013年,山东全省旅游总收入突破5 000亿元,同比增长14.7%。

无形资产作为21世纪旅游企业战略竞争力的源泉,必须受到高度的重视。无论是自创的无形资产还是购入的无形资产,都需要大量持之以恒的投入,因此无形资产的形成过程是长期积累的过程,旅游企业要注意保护好无形资产的价值。

良好的无形资产可以为拥有者带来预期较高的收益,旅游企业可以无形资产进行投资,

---

① 欧阳明哲."好客山东"品牌价值达到170亿元[EB/OL]. http://news.iqilu.com/shandong/yuanchuang/2014/0227/1887140.shtml,2014-02-27.

实现增值目标。旅游企业无形资产投资有两种情况:一种情况是以所有权投资,可按确认或约定的价值与无形资产账面差额作为资本公积金处理;另一种情况是以使用权投资,可按转让无形资产处理。

旅游企业无形资产虽然没有实物形态,但是与固定资产一样,也会发生闲置状况,对此旅游企业可以进行无形资产转让,转让方式有两种,转让所有权和转让使用权,由此形成转让成本与转让收入处理的两种情况:

1. 转让成本的处理

在转让无形资产所有权的情况下,转让成本可按无形资产的摊余价值计算;在转让无形资产使用权的情况下,转让成本可按履行出让合同规定义务时所发生的服务费用计算。

2. 转让收入的处理

如果转让收入是一次性的,可按营业收入中其他销售收入处理;如果转让收入是多次或长期的,可按投资净收益处理。

(二)无形资产的计价管理

无形资产的计价方式有许多种,主要包括成本计价法、效益计价法、行业对比计价法、技术寿命计价法和合同随机计价法等。我国的《旅游、饮食服务企业财务制度》规定,无形资产以取得时的实际成本计价,由于无形资产取得来源不同,计价标准的规定也不同,主要有:

(1)投资者作为资本或合作条件投入的无形资产,按评估确认或合同、协议约定的金额计价。

(2)购入的无形资产,按实际支付的价款计价。

(3)自行开发的经法律认可的无形资产,按开发过程中的实际支出计价。

(4)接受捐赠的无形资产,按所附单据或参照同类无形资产市场价格计价。值得一提的是商誉,商誉表示旅游企业由于拥有某种优势而形成的高于一般水平的获利能力。它的一个显著特点是不能单独存在,它必须依赖于与它有关的企业的存在,而且还取决于其他企业的认可度。因此,只有当发生企业合并时才能予以确认,否则商誉不得作价入账。

(三)无形资产的摊销管理

无形资产的摊销方法一般为直线法,这样可以使各期负担的费用均衡,使财务指标具有更强的可比性。

1. 无形资产摊销期的确定

正确地进行无形资产的摊销需要明确无形资产的有效使用期限,以便自使用之日起在有效使用期限内分期摊入管理费用。确定无形资产的有效使用期限应符合下列原则:

(1)法律和合同分别规定有法定有效期限和使用年限的,按法定有效期限与合同规定的使用年限孰短的原则确定。

(2)法律未规定有效期限,但合同中规定有受益年限的,按合同规定的受益年限确定。

(3)法律和合同均未规定有效期限或受益年限的,按预计受益期限确定。

(4)受益期限难以预计的,按不短于10年的期限确定。

2. 无形资产摊销额的确定

$$无形资产摊销额 = 无形资产原始价值 / 摊销年限$$

二、递延资产的管理

对递延资产的摊销要依不同的递延资产分别进行处理,其处理方法如下:

1. 开办费的摊销

应从投产营业之日起,在不短于 5 年的期限内分期摊销,计入管理费用。

2. 筹建期间的汇兑净损失的摊销

按不短于 5 年摊销。

3. 租入固定资产改良支出的摊销

可按租赁期和改良工程耐用期孰短的原则确定摊销期限,计入管理费用。

4. 固定资产大修理费的摊销

可按受益期限平均摊入企业有关费用中。

本章小结

　　旅游企业资产表现形态丰富多样,本章所探讨的其他资产是指无形资产和递延资产。无形资产是旅游企业长期使用但没有实物形态的资产,代表企业在较长时期内可以享受的法定权利或利益,包括专利权、商标权、著作权、土地使用权、非专利技术、特许经营权和商誉等。递延资产也叫递延费用或递延支出,是指旅游企业在筹办和生产经营期间内发生的不能全部计入当年损益,应当在以后年度内分期摊销的各项费用支出,如开办费、以经营租赁方式租入的固定资产改良支出、固定资产大修理支出、摊销期在 1 年以上的其他待摊费用。

　　旅游企业其他资产的特点包括无形资产特点和递延资产特点。前者包括存在的非实物性、拥有的独占性、收益的长期性、效益的不确定性;后者包括形成原因的多样性、支付数量的大额性、支付时间的集中性、受益期限的滞后性。

　　旅游企业其他资产的分类包括无形资产的分类和递延资产的分类。无形资产的分类包括:根据无形资产的性质和内容划分为知识产权、非专利技术、特许权利、商誉;根据无形资产的期限划分为有期限的无形资产和无期限的无形资产;根据无形资产来源划分为自创无形资产和外购无形资产;根据无形资产有无确指性划分为可确指的无形资产和不可确指的无形资产。

　　递延资产主要包括开办费、筹建期间的汇兑净损失、租入固定资产的改良支出、固定资产大修理支出。

　　无形资产管理中需要注意以下几点:无形资产以所有权或使用权方式进行的投资与转让管理;以成本计价法为基础的无形资产计价管理;以直线法为基础的无形资产摊销管理。

　　递延资产的摊销要依据递延资产的不同特性分别进行处理。

思考与练习

1. 旅游企业无形资产的含义和特点是什么？
2. 无形资产如何折旧？
3. 递延资产如何摊销？

案例分析

轻资产运营怎么做？[①]

传统饭店业资产重、固定成本高，发展慢、资金沉淀量大。饭店集团、投资人要想尽快出业绩，"轻资产"发展成为避"重"就"轻"或化"重"为"轻"的选择，业者都希望自己轻起来、快起来。

其实，轻资产、重资产并不完全是一个财务概念。财务中只有固定资产和流动资产、有形资产和无形资产，轻资产和重资产其实是个战略概念。"什么是轻资产，就是投资万达广场的钱不用我出、都是别人出，使用万达的管理系统、品牌。"万达董事长王健林2015年4月15日在深圳交易所演讲时解释了万达"由重转轻"的思路，万达商业地产筹资建设包括酒店在内的城市综合体，建成后自己持有经营。轻资产则是在投资建设万达广场的项目中，全部资金或绝大部分资金由别人出，万达负责选址、设计、建造、招商和管理，所产生的租金收益万达与投资方按一定比例分成，万达商业地产转型为一家商业投资服务企业，类似于酒店管理公司，完全轻资产化。

万达负责的项目选址、规划设计、建造、招商、运营管理以及万达的品牌，都可以理解为企业的无形资产。按照现行的会计制度，这部分轻资产中有许多只能当做"费用"处理，无法作为资产列入会计报表之中。相对于固定资产的大重实，无形资产占用资金较少，显得轻便灵活，因而被称为轻资产。

知识经济时代的到来，资产规模不再决定企业强弱，而是资产质量的高低和商业模式是否优化。有很多人误解了"轻资产"。所谓"轻资产"未必很"轻"，只是此类资产在财务的定义上很"轻"，虽是"轻"资产形态，却是"重"知识运用、重管理、重技术含量。企业变轻了，"品牌"变重了，"人才"变重了，这是企业核心竞争力所在。企业拥有了这些"轻资产"，就可以凭借杠杆原理"四两拨千斤"，充分利用他人的资源，用有限资产获取最大收益。轻资产战略是针对企业的资产回报率而言的，在利润不变的情况下，资产越小、分母越小，资产回报率就越高。轻资产战略是实现高投资回报的有效手段。

[①] 宋雪鸣.轻资产运营怎么做？[N].中国旅游报.2019-12-05.

传统会计对有形资产看得比较重,不太重视无形资产价值管理。但从经营角度看,品牌、营销渠道与会员俱乐部、团队的经营管理能力、管理与服务经验、客户资源等无形资产比有形资产更重要,决定着企业未来的成长与发展。往深里说,任何一个企业其实都有两个结构,一个看得见,一个看不见。看得见的是会计报表上的各项有形资产,看不见的是无时无刻不在起作用的制度、文化、价值观、行为准则。以价值为驱动的轻资产运营是很多优秀企业追求的最高境界,他要求企业以举"轻"若"重"的精神和境界,养成精益求精、细致入微的严谨作风;在"轻"中见"重"、以"轻"济"重",小中见大,以尽精微而致广大。目前,万豪、洲际、喜达屋等国际知名大型酒店管理集团均采用"轻资产"运营管理模式。寻求轻资产发展战略,成为新形势下企业转型的重要选择。国内中端酒店品牌,全季、亚朵、丽枫等饭店集团并不投资开发饭店楼盘,只负责品牌、管理和服务输出,他们主要是"靠手艺"吃饭的。

正如一枚硬币的两面,轻资产战略可以轻装快速前进,但是由于对饭店建筑、装潢装饰设计以及管理控制的力度弱化,以及饭店业主对品牌、企业价值观的理解与接受程度,加盟意愿的取向,加盟后的业绩与预期的比较,将会影响客人的入住体验,从而对品牌产生影响。

轻资产发展从本质上分析是一个有人出钱、有人出力、有人出品牌的共赢模式。轻资产饭店管理公司必须具备"有品牌、有系统、有标准、有团队、有文化"的"软实力"。

思考问题:
1. 万达集团的无形资产体现在哪些方面?
2. 案例中的万达集团采用了什么样的资产管理模式?

课外延展

选择一家行业领先的旅游企业进行调查,了解它的无形资产在公司发展中扮演什么样的角色。

第四篇
旅游企业利润分配
Profit Distribution of Tourism Enterprises

第八章

旅游企业利润分配管理

学习目标

通过本章的学习,理解利润的经济意义,掌握利润的构成及其分配顺序;掌握股利政策的因素及主要类型;了解股利分配方案的内容,明确股利政策选择及股利支付水平确定应考虑的因素,掌握股利分配的支付方式及股利支付程序;明确股票分割和股票回购的含义,掌握股票分割和股票回购的作用。能够依据旅游企业不同的发展时期做出合适的利润分配行为。

学习重点

通过本章学习,重点掌握以下知识要点:
1. 利润的构成及利润分配;
2. 股利政策的类型和选择原则;
3. 股利分配的支付方式和股利支付程序;
4. 股票分割和股票回购的作用。

关键概念

利润分配　股利政策　现金股利　股票股利　股票分割　股票回购

第一节 利润分配概述

一、利润概述

利润是旅游企业在一定会计期间的经营成果,综合反映了一定期间的经营业绩和获利能力。它在旅游企业财务管理中具有十分重要的意义,具体表现在以下几个方面。

(一)利润是反映企业经营绩效的核心指标

尽管评价企业经营绩效的指标体系很多,但核心指标却是利润。著名经济学家孙冶方将利润形象地比作企业的"牛鼻子",充分说明了利润的重要性。

(二)利润是企业利益相关者进行利益分配的基础

按照现代企业理论,企业是利益相关者之间的契约关系体系。如何正确处理利益相关者之间的经济关系,关系着企业的生死存亡。利益相关者包括所有者(股利)、债权人(利息)、经营者(奖励和期权)、员工(工资收入)和国家(所得税),这些利益主体不同利益的获得都依赖于利润的获取和增长。

(三)利润是企业可持续发展的基本源泉

企业可持续发展除了生产技术的可持续发展之外,还包括财务的可持续发展。财务可持续发展首先是可持续筹资,而企业从利润中提取的公积金及留用利润是企业内部积累的源泉,是企业可持续发展的财力基础。

二、利润的构成

旅游企业的利润总额包括营业利润、营业外收支净额两个部分,利润总额减去所得税后的余额即为净利润,也称税后利润。利润总额的计算公式如下:

$$利润总额=营业利润+营业外收支净额$$

(一)营业利润

营业利润是旅游企业在一定期间内从事生产经营活动所获取的利润,是利润的主要来源。其计算公式为:

$$营业利润=营业收入-营业成本-营业税金及附加-营业费用-管理费用-财务费用\\-资产减值损失+投资净收益+公允价值变动净收益$$

投资净收益是指旅游企业对外投资取得的收益扣除投资损失后的差额。投资收益包括对外投资取得的利润、股利、认购有价证券取得的债券利息、投资到期收回或中期转让取得的款项高于投出资产账面净值的差额等;投资损失是指由于投资不当而产生的投资亏损或投资到期收回或中途转让取得的款项低于投出资产的账面净值的差额。

$$投资净收益=对外投资收益-对外投资损失$$

(二)营业外收支净额

营业外收支净额是指营业外收入减去营业外支出后的净额。营业外收入与营业外支出是指与旅游企业经营业务没有直接关系的各项收入与支出。营业外收入包括固定资产盘盈和变卖的净收益、罚款净收入、确实无法支付而按照规定程序批准后转作营业外收入的应付账款、礼品折价收入和其他收入等;营业外支出包括固定资产盘亏、毁损、报废的净损失,非常损失,赔偿金,违约金,罚息,公益救济性捐赠等。

$$营业外收支净额＝营业外收入－营业外支出$$

【例8-1】某企业的主营业务收入为150万元,主营业务成本是85万元,主营业务税金及附加5万元,其他业务利润为35万元,管理费用和营业费用10万元,制造费用25万元,利息收入5万元,营业外支出3万元,所得税8万元,营业利润是多少？利润总额是多少？净利润是多少？

$$\begin{aligned}营业利润＝&主营业务收入150万元－主营业务成本85万元－主营业务税金及附加5万元\\&＋其他业务利润35万元－管理费用和营业费用10万元＋利息收入5万元\\＝&90(万元)\end{aligned}$$

$$\begin{aligned}利润总额＝&营业利润90万元－营业外收支净额3万元\\＝&87(万元)\end{aligned}$$

$$净利润＝利润总额87万元－所得税费用8万元＝79(万元)$$

【例8-2】已知某饭店营业收入180万元,营业成本90万元,营业税金及附加8万元,营业费用6万元,管理费用4万元,财务费用4万元,投资收益20万元,营业外收入9万元,营业外支出4万元,企业所得税率15％,求营业利润？利润总额？企业所得税额？

$$营业利润＝180－90－8－6－4－4＝68(万元)$$

$$利润总额＝68＋20＋9－4＝93(万元)$$

$$企业所得税额＝93×15％＝13.95(万元)$$

三、利润分配原则

利润分配是指按照有关法规和企业章程,遵循一定的原则和顺序,对企业实现的利润总额在国家、投资者和企业之间进行分配的行为。旅游企业利润分配是一项政策性很强的工作,它体现着旅游企业与国家、投资者及员工之间的经济利益关系。因此,必须遵循一定的分配原则。

(一)依法分配原则

为规范企业的财务分配活动,国家制定了若干法律法规,如《中华人民共和国公司法》《中华人民共和国证券法》《企业会计制度》《企业财务通则》等,规定了企业利润分配的基本要求、一般程序、分配项目和重大比例。旅游企业的利润分配必须依法进行,这是保证利润分配活动合法进行的前提条件,是企业正确处理财务关系的关键。

(二)分配与积累并重原则

在收益既定的情况下,分配与积累是矛盾的统一体。企业除按规定提取公积金并向投资者分配利润以外,可适当留存一部分利润作为积累,这样不仅可以为企业扩大经营规模筹措资金,增强企业的发展能力和抵抗风险的能力,还可以起到以丰补欠、稳定投资报酬率的作用。但积累过多,则会影响投资者的现时利益,降低投资者的信心。因此,利润分配应坚持分配与积累并重原则,适当安排好分配与积累的比例,协调好企业近期目标与长远发展的关系。

(三)资本保全原则

资本保全是指企业在持续经营期间,对投资者投入的注册资本,除依法转让以外,不得抽回的约束,从而以投资者的出资额来承担风险和履行企业责任。这就表明,利润分配应是对投资者投入资本增值部分的分配,这种资本保全措施的作用在于:①有利于企业承担风险和履行责任;②有利于企业有稳定的资本来持续经营和发展。

(四)利益兼顾原则

企业主权资本投资者依法享有剩余索取权是主权资本投资者承担投资风险的回报。但是,企业的利润是由经营者和全体员工直接创造的,他们除了获得工资和奖金等劳动报酬以外,还应该分享企业的经营成果,以适当的方式参与净利润的分配。因此,利润分配时不能只考虑投资者的单边利益,还应考虑其他利益相关者的合法权益,以构建企业内部和谐的财务关系。

四、利润分配的顺序

根据《中华人民共和国公司法》《企业财务通则》等法律法规的规定,旅游企业利润除国家另有规定外,按以下顺序进行分配:

(1)以税前利润弥补以前年度的亏损。

按照税法的规定,企业作为纳税人,如果发生年度亏损的,可以用下一纳税年度的税前利润弥补;下一纳税年度的税前利润不足弥补的,可以逐年延续弥补,但免税延续弥补的最长时间不得超过5年。

(2)依税法规定做相应调整,然后依法缴纳企业所得税。

(3)税后利润的分配。

旅游企业缴纳所得税之后的净利润一般按下列顺序进行分配:

(1)抵补被没收的财物损失,支付违反税法规定的各项滞纳金和罚款。

(2)弥补以前年度的亏损(指超过用税前利润抵补亏损的期限后,仍未补足的亏损):《企业财务通则》规定,税法规定年限(5年)内的税前利润不足弥补的亏损,用以后年度的税后利润弥补,或者经投资者审议后用盈余公积金弥补。

(3)提取法定盈余公积金。盈余公积金是从税后利润中提取的积累资金,用于弥补公司亏损,扩大公司生产经营或者转增为公司资本。它分为法定盈余公积金和任意盈余公积金。补亏后的利润大于零是计提法定盈余公积金的必要条件。法定盈余公积金按当年净利润(如有前两项,应予扣除)的10%提取。当法定盈余公积金达到注册资本的50%时,可不再提取;但在转增资本后,留存的法定盈余公积金不得低于转增前注册资本的25%。

(4)提取任意盈余公积金。股份公司提取法定盈余公积金后,经过股东大会决议或按照公司章程,可以提取任意盈余公积金,其目的在于控制向投资者分配利润的水平及调整各年利润分配的波动,对投资者分红加以限制和调节。其他企业也可根据需要提取任意盈余公积金,任意盈余公积金是否提取及提取比例由企业或股东大会视情况而定。

(5)向投资者分配利润。企业向投资者分配利润或股利,要在提取盈余公积金之后。净利润在扣除上述项目后,再加上以前年度的未分配利润,即为可供投资者分配的利润。企业弥补以前年度亏损和提取盈余公积后,当年没有可供分配的利润时,不得向投资者分配利润,但法律、行政法规另有规定的除外。利润分配应以各投资者在企业的投资额为依据,每一个投资者分得的利润或股利与其投资额成正比。

可供投资者分配的利润经过上述分配后,剩余的为未分配利润(或未弥补亏损)。

【例 8-3】华彬酒店 2012 年初未分配利润账户的贷方余额为 37 万元,2012 年发生亏损 100 万元,2013—2017 年的每年税前利润为 10 万元,2018 年税前利润为 15 万元,2019 年税前利润为 40 万元。所得税税率为 40%,盈余公积金计提比例为 15%。

要求:(1)2018 年是否缴纳所得税?是否计提盈余公积金?

(2)2019 年可供给投资者分配的利润为多少?

解:(1)　　　2018 年初未分配利润 $= 37 - 100 + 10 \times 5 = -13$(万元)

这 13 万元为以后年度税后利润应弥补的亏损。

$$2018 年应缴纳所得税 = 15 \times 40\% = 6(万元)$$

$$2018 年的税后利润 = 15 - 6 = 9(万元)$$

华彬酒店 2018 年可供分配的利润 $= 9 - 13 = -4$(万元),所以不能计提盈余公积金。

(2)　　　2019 年税后利润 $= 40 \times (1 - 40\%) = 24$(万元)

$$可供分配的利润 = 24 - 4 = 20(万元)$$

$$计提盈余公积金 = 20 \times 15\% = 3(万元)$$

$$可供投资者分配的利润 = 20 - 3 = 17(万元)$$

【例 8-4】某企业为新开办的企业,本年度实现利润总额为 90 万元,其中有 10 万元是向外单位进行长期投资分得的税后利润,属于纳税前应扣除的项目,该企业按 33% 计算所得税,按税后利润的 10% 提取法定盈余公积金,按税后利润 5% 提取任意盈余公积金,分配投资者利润 235 600 元,则该企业在资产负债表中年末"未分配利润"数额为多少?

$$应纳所得税 = (90 - 10) \times 33\% = 26.4(万元)$$

$$净利润 = 90 - 26.4 = 63.6(万元)$$

按税后利润 10% 提取法定盈余公积金,按税后利润 5% 提取任意盈余公积金

$$法定盈余公积金 = 63.6 \times 10\% = 6.36(万元)$$

$$任意盈余公积金 = 63.6 \times 5\% = 3.18(万元)$$

分配投资者利润 23.56 万元。

$$未分配利润余额 = 63.6 - 6.36 - 3.18 - 23.56 = 30.50(万元)$$

如果旅游企业是股份有限公司,在提取法定盈余公积金之后。按下列顺序进行分配:

(1)支付优先股股利;

(2)提取任意盈余公积金;

(3)支付普通股股利。

股东会、股东大会或者董事会违反前款规定,在公司弥补亏损和提取法定公积金之前向股东分配利润的,股东必须将违反规定分配的利润退还公司。股份有限公司应按股东持有

普通股股份的比例分配普通股股利。普通股股利发放的多少,取决于公司当年的经营状况。当年无利润时,一般不得向投资者分配股利,但在用盈余公积弥补亏损后,经股东大会特别决定后,可以按照不超过股票面值6%的比例用盈余公积金分配股利,在分配股利后,公司的法定盈余公积金不得低于注册资本的25%。

第二节 股利政策

一、影响股利政策的因素

股利分配政策简称股利政策,主要针对股份有限公司。股利政策是关于公司是否发放股利、发放多少股利以及何时发放股利等方面的方针和策略。它是股份有限公司财务管理的一项重要内容,不仅关系到投资收益的分配,而且关系到公司的投资、融资以及股票价格等各个方面。因此,制定一个正确、稳定的股利政策是非常重要的。一般来说,在制定股利政策时,应当考虑到以下因素的影响。

（一）法律因素

为了保护股东和债权人的利益,各国法律都对公司的股利分配进行一定的限制。纵观国内外的相关法规,对公司股利分配的限制主要有以下几个方面:

1. 资本保全约束

资本保全是企业财务管理应遵循的一个重要原则。股份公司只能用当期利润或留用利润来分配股利,而不能用原始股本发放股利。这是为了保全公司的股东权益资本,以维护债权人的利益。

2. 资本积累约束

这一规定要求股份公司在分配股利前,应当按一定的比例和基数提取各种公积金。这是为了增强企业抵御风险的能力,维护投资者的利益。只有当公积金累计数额已达到注册资本50%时,才可不再提取。

3. 企业利润约束

在企业以前年度的亏损全部弥补完之后,若还有剩余利润,才能用于分配股利,否则不能分配股利。

4. 偿债能力的约束

企业在分配股利时,必须保持充分的偿债能力。分配股利不能只看损益表上净利润的数额,还必须考虑到企业的现金是否充足。如果因企业分配现金股利而影响了企业的偿债能力或正常的经营活动,则股利分配就要受到限制。

5. 超额累积利润约束

对于股份公司而言,由于投资者接受股利缴纳的所得税要高于进行股票交易的资本利得所缴纳的税金,许多公司可以通过积累利润使股价上涨来帮助股东避税。

因此,许多国家规定公司不得超额累积利润。一旦公司保留盈余超过法律认可的水平,将被加征额外税额,我国法律对公司累积利润尚未做出限制性规定。

(二)公司自身因素

公司自身因素的影响是指股份公司内部的各种因素及其面临的各种环境、机会而对其股利政策产生的影响。

1. 盈余的稳定性

能够获得长期稳定的盈余,是公司股利决策的重要基础。一般而言,盈余相对稳定的企业可支付相对较高的股利;而盈余不稳定的公司应采用低股利政策,因为这可以降低财务风险和股价急剧下跌的风险。

2. 现金流量及资产的流动性

企业在经营活动中,必须有充足的现金,否则就会发生支付困难。公司在分配现金股利时,必须要考虑现金流量以及资产的流动性,过多地分配现金股利会减少公司的现金持有量,影响未来的支付能力,甚至可能会出现财务困难。

3. 举债能力

现金支付能力的强弱不仅取决于资产的流动性,也受到企业举债能力强弱的影响。如果举债能力较强,在企业缺乏资金时,能够较容易地在资本市场上筹集到资金,则可以采取比较宽松的股利政策;如果举债能力较差,就应当采取比较紧缩的股利政策,少发放现金股利,留有较多的盈余。

4. 投资机会

在有良好的投资机会时,企业就应当考虑少发放现金股利,增加留存利润,用于再投资,这样可以加速企业的发展,增加企业未来的收益;对于缺乏良好投资机会的公司,保留大量现金会造成资金的闲置,因而倾向于多发放现金股利。

5. 资金成本

资金成本是企业选择筹资方式的基本依据。留用利润是企业内部筹资的一种重要方式,同发行新股或举借债务相比,具有成本低、隐蔽性好的优点。因此,从资金成本考虑,如果公司有扩大规模、增加资本的需要,就应采取低股利政策。

6. 偿债需要

具有较高偿债需要的公司,可通过举借新债、发行新股等方式筹集资金,也可以用留存收益偿还债务。当公司举借新债的资金成本高或受其他限制而难以进入资本市场时,应当减少现金股利的支付。

(三)股东因素

股东从自身利益出发,对公司股利政策的制定具有举足轻重的影响。

1. 追求稳定的收入,规避风险

一些依赖公司发放的现金股利维持生活的股东往往要求公司能够定期支付稳定的现金股利,反对公司留利过多;还有一些股东认为留用利润可能使股票价格上升所带来的收益具有较大的不确定性,而取得现实的股利比较稳妥,可以规避风险。因此,这些股东也倾向于多分配股利。

2. 担心控制权的稀释

持股比例较高的大股东出于对公司控制权可能被稀释的担心,往往偏好于少分配现金股利,多留存利润。因为若股利支付率较高,必然导致公司盈余减少,将来发行新股的可能性增大,如不增持就会稀释其对公司的控制权。因此,他们宁愿少分股利,也不愿自己的控制权被稀释。当他们拿不出足够的现金认购新股时,就会对分配现金股利的方案投反对票。

3. 避税考虑

按照税法的规定,政府对企业征收企业所得税以后,还要对股东分得的股息、红利征收个人所得税(股利收入所得税高于股票交易的资本利得税)。因此,高收入阶层的股东为了避税往往反对发放过多的现金股利;而低收入阶层的股东因个人税负较轻,可能会欢迎公司多分红利。

(四)其他因素

1. 债务合同限制

债权人为了防止企业过多发放股利,影响其偿债能力,增加债务风险,而以契约的形式限制企业现金股利的分配。这种限制通常包括规定每股股利的最高限额;规定未来股息只能用贷款协议签订以后的新增收益来支付,而不能动用签订协议之前的留存利润;规定企业的流动比率、利息保障倍数低于一定标准时,不得分配现金股利等等。

2. 通货膨胀

通货膨胀会引起货币实际购买力的下降,固定资产重置资金来源不足。此时,企业不得不考虑留用一定的利润,以弥补因购买力水平下降而造成的固定资产重置资金缺口。因此,在通货膨胀时期,企业一般采取偏紧的利润分配政策。

二、股利分配政策的类型

股利分配政策的核心问题是确定支付股利与留存收益的比例,即股利支付率问题。在财务管理中,常用的股利政策主要有剩余股利政策、固定股利政策、固定股利支付率政策和低正常股利加额外股利政策,每种股利政策的含义及其比较见表8-1。

表 8-1 不同股利政策的比较

类型	含义	表达公式	优点	缺点
剩余股利政策	公司生产经营所获得的税后利润首先应较多地考虑满足公司投资项目的需要,即增加资本或公积金,只有当增加的资本额达到预定的目标资本结构(最佳资本结构)后,如有剩余,才能派发股利	本年分配的现金股利＝本年净利润－投资总额×自有资金比例	(1)有利于优化资本结构; (2)降低企业综合资本成本,实现企业价值的长期最大化	(1)股利发放额每年随投资机会和盈利水平的波动而波动,不利于投资者安排收入与支出; (2)不利于公司树立良好的形象

续表

类型	含义	表达公式	优点	缺点
固定股利政策	公司将每年派发的股利额固定在某一特定水平上,不论公司的盈利情况和财务状况如何,派发的股利额均保持不变	本年应分配的现金股利＝上年分配的现金股利	(1)有利于稳定公司股票价格,增强投资者对公司的信心; (2)有利于投资者安排收入与支出	(1)公司股利支付与公司盈利相脱离,造成投资的风险与投资的收益不对称; (2)公司盈利下降时,可能会给公司造成较大的财务压力,甚至可能侵蚀公司留存利润和公司资本
固定股利支付率政策	公司确定固定的股利支付率,并长期按此比率支付股利	本年应分配的现金股利＝本年净利润×上年股利支付率	(1)股利分配与企业盈余紧密结合; (2)体现投资风险与投资收益的对称性	(1)每年股利变化大,易造成股价的波动; (2)缺乏财务弹性; (3)确定合理的固定股利支付率难度很大
低正常股利加额外股利政策	公司事先设定一个较低的经常性股利额,一般情况下,公司每期都按此金额支付正常股利,只有企业盈利较多时,再根据实际情况发放额外股利	本年应分配的现金股利＝经常性股利额＋额外股利	(1)具有较大的灵活性; (2)既可以维持股利的一定稳定性,又有利于优化资本结构,使灵活性与稳定性较好地相结合	(1)股利派发仍然缺乏稳定性; (2)如果公司较长时期一直发放额外股利,股东就会误认为这是正常股利,一旦取消,容易给投资者造成公司"财务状况"逆转的负面印象,从而导致股价下跌

从表 8-1 可以看出,每种政策都存在着一定的缺陷。因此,实务中并没有一个严格意义上的最为科学的股利政策,往往是多种股利政策的结合。

【例 8-5】博世假日酒店 2017 年可用于分配股利的盈余为 800 万元,2018 年的投资计划所需资金 1 000 万元,公司的目标资金结构为权益资本占 60%,债务资本占 40%,该酒店 2019 年流通在外的普通股为 400 万股。则根据剩余股利政策,该公司当年每股股利应为多少?

2018 年投资所需的权益资本＝1 000×60%＝600(万元)

2018 年可用于发放的股利额＝800－600＝200(万元)

每股股利＝200/400＝0.5(元)

第三节 股利分配方案

一、股利分配方案的内容

股份有限公司股利分配方案的内容主要包括股利政策类型的选择、股利支付水平的确定、股利支付方式的选择和股利发放日期的确定等。股利分配方案确定与变更的决策权在董事会,其制定与决策一般经过三个阶段:

(1)财务部门提供制定股利政策与方案的各种财务数据;

(2)董事会拟定股利政策草案与具体的分配方案;

(3)股东大会审核财务报告并批准董事会制定的股利政策与分配方案等的预案。

二、股利政策的选择

选择股利政策时,企业通常需要考虑以下几个因素:

(1)企业所处的成长与发展阶段,表 8-2 列示了企业处于不同发展阶段应选择的股利政策;

(2)企业支付能力的稳定情况;

(3)企业获利能力的稳定情况;

(4)目前的投资机会;

(5)投资者的态度;

(6)企业的信誉状况。

表 8-2 不同发展阶段的公司股利政策

发展阶段	特　点	相应股利政策
初创阶段	公司经营风险高,融资能力差	剩余股利政策
高速发展阶段	产品销量急剧上升,需要进行大规模的投资	低正常股利加额外股利政策
稳定成长阶段	销售收入稳定增长,公司的市场竞争力增强,行业地位已经巩固,公司扩张的投资需求减少,广告开支比例下降,净现金流入量稳步增长,每股净利呈上升态势	固定股利支付率政策
成熟阶段	产品市场趋于饱和,销售收入难以增长,但盈利水平稳定,公司通常已积累了相当的盈余和资金	固定股利政策
衰退阶段	产品销售收入锐减,利润严重下降,股利支付能力降低	剩余股利政策

三、股利支付方式的选择

股利是股份有限公司发给股东的投资报酬。公司分派的股利一般情况下就是对积累盈余的分配。股份有限公司支付股利的方式一般有以下几种：

（一）现金股利

现金股利是股份公司以现金的形式从公司净利润中分配给股东的投资报酬，也称"红利"或"股息"，是最常用的股利分配形式。现金股利发放的多少主要取决于公司的股利政策和经营业绩。现金股利发放多少，直接影响到公司的股票价格。发放现金股利需要有充足的现金储备，往往给公司带来资金压力。公司采用现金股利形式时，必须具备三个基本条件：

第一，公司要有足够的未指明用途的留存收益，即未分配利润；

第二，公司要有足够的现金；

第三，发放现金股利由董事会决定并经股东大会讨论批准。

我国的有关法律规定，上市公司应当将其利润分配办法载明于公司章程。对于在报告期内盈利但董事会未做出现金利润分配预案的，应当在定期报告中详细披露原因，同时说明公司未分配利润的用途和使用计划，独立董事应当对此发表独立意见；上市公司最近3年未进行现金股利分配的，不得向社会公众增发新股、发行可转换公司债券或向原有股东配售股份。

（二）财产股利

财产股利是指公司以现金以外的资产（如公司实物资产、公司所拥有的其他企业的有价证券等）给股东支付股利。主要包括以下几种：

1. 实物股利

发给股东实物资产或实物产品。这种形式不增加货币资金支出，多用于现金支付能力不足的情况，一般不经常采用。

2. 证券股利

最常见的财产股利是以公司持有的其他公司的证券（股票、债券等）代替货币资金发放给股东。证券的流动性即安全性比较好，投资者愿意接受；把证券作为股利发给股东，既发放了股利，又保留了对其他公司的控制权，可谓一举两得。

（三）负债股利

负债股利是指公司以负债方式支付的股利，通常以旅游企业的应付票据支付给股东，不得已情况下也有发行旅游企业债券抵付股利的。它是在公司已宣布并必须立即发放股利而货币资金不足的情况下不得已而采用的一种权宜之计。

财产股利和负债股利实际上是现金股利的替代，旅游企业一般在有利润但缺乏现金或现金另有其他用途的情况下采用。这两种股利方式目前在我国旅游企业实务中很少使用，但并非法律所禁止。

（四）股票股利

股票股利是股份有限公司以股票的形式从公司净利润中分配给股东的股利。由于这种方式通常按现有普通股股东的持股比例增发普通股,所以它既不影响公司的资产流出和负债增加,也不增加股东权益的总额,只涉及股东权益内部结构的调整。但是,股票股利增加了流通在外的普通股的数量,每股普通股的权益将被稀释。因此,发放股票股利会被认为是现金短缺的象征,有可能导致企业股票价格下跌。

【例8-6】星海酒店管理公司发放股票股利前,所有者权益如表8-3所示。

表8-3 所有者权益表

单位:元

普通股(面值1元,已发行200 000股)	200 000
资本公积	400 000
未分配利润	2 000 000
股东权益合计	2 600 000

若公司股票股利为10送1,每股市价为20元。则:
需从未分配利润中划出资金200 000×10%×20=400 000(元)
普通股增加20 000股(面值1元)20 000元
资本公积应增加:400 000—20 000=380 000(元)

【例8-7】承上例,若星海酒店管理公司当年盈利44万元,某股东持有2万股普通股,则发放股票股利对该股东的影响如表8-4所示。

表8-4 股票股利对股东的影响

项 目	股票股利发放前	股票股利发放后
每股盈余EPS	440 000/200 000=2.2	440 000/220 000=2.0
每股市价	20元	20/(1+10%)=18.18元
持股比例	20 000/200 000=10%	22 000/220 000=10%
所持股票总价值	20×20 000=400 000元	18.18×22 000=399 960元

【例8-8】某公司本年实现的净利润为200万元,年初未分配利润为600万元,年末公司讨论决定股利分配的数额。上年实现净利润180万元,分配的股利为108万元。

要求:计算回答下列互不关联的问题。

(1)预计明年需要增加投资资本300万元,公司的目标资本结构为权益资本占55%,债务资本占45%。公司采用剩余股利政策,权益资金优先使用留存收益,公司本年应发放多少股利?

(2)公司采用固定股利政策,公司本年应发放多少股利?

(3)公司采用固定股利支付率政策,公司本年应发放多少股利?

(4)公司采用正常股利加额外股利政策,规定每股正常股利为0.1元,按净利润超过最低股利部分的30%发放额外股利,该公司普通股股数为500万股,公司本年应发放多少股利?

(1) 　　　　　增加投资资本中权益资本＝300×55％＝165(万元)

　　　　　本年末可供分配的利润＝600＋200＝800(万元)

　　　　　可分配的利润＝800－165＝635(万元)

公司本年可以发放的股利最多为635万元。

(2) 　　　　　本年股利＝上年股利＝108(万元)

(3) 　　　　　股利支付率＝108/180×100％＝60％

　　　　　本年发放股利＝60％×200＝120(万元)

(4) 　　　　　正常股利总额＝0.1×500＝50(万元)

　　　　　额外股利＝(200－50)×30％＝45(万元)

　　　　　本年股利＝50＋45＝95(万元)

四、股利发放日的确定

为了体现公开、公平和公正的分配原则,股份公司向股东支付股利,其过程主要经历股利宣告日、股权登记日、除息(或除权)日和股利支付日。

(一)股利宣告日

股利宣告日即公司董事会将股利支付情况予以公告的日期。公告中将宣布每股股利、股权登记日、除息日和股利支付日等事项。我国的股份公司通常一年派发一次股利,也有在年中派发中期股利的。

(二)股权登记日

股权登记日即有权领取股利的股东资格登记截止日期。只有在股权登记日前在公司股东名册上有名的股东,才有权分享股利,证券交易所中央清算登记系统为股权登记提供了很大的方便,一般在营业结束的当天即可打印出股东名册。

(三)除息日

除息(或除权)日即指领取股利的权利与股票相互分离的日期,股权登记日后的第一个交易日就是除权日或除息日,这一天购入该公司股票的股东是不同于可以享有本次分红的"新股东",不享有公司此次分红配股的权利。

(四)股利支付日

股利支付日即向股东发放股利的日期。

【例8-9】星运旅业集团2009年12月15日发布公告:本公司董事会在2009年12月25日会议上决定本年度发放每股5元股利,本公司将于2010年1月2日将上述股利支付给已在2009年12月25日登记为本公司股东的人员。则:

2009年12月15日为星运旅业集团的股利宣告日;

2009年12月25日为股权登记日;

2009年12月26日为除息日;

2010年1月2日为股利支付日。

第四节 股票分割和股票回购

一、股票分割

股票分割又称拆股,是指将高面额股票拆分为低面额股票的行为。如将原来的每股股份分为3股,则每股面额缩小为原来的1/3,但股本总额不变。

股票分割会增加发行在外的股数,使每股面值降低,每股盈余下降;但旅游企业总价值不变,股东权益总额、权益各项目的金额及其相互间的比例也不会改变。因此,股票分割与发放股票股利的作用非常相似,都是在不增加股东权益的情况下增加股票的数量,不同的是股票分割导致的股票数量的增加可能远大于发放股票股利,而且,在会计处理上也有不同。

股票股利和股票分割的比较如表8-5所示。

表8-5 股票股利和股票分割的比较

比较项目	股票股利	股票分割
每股面值	不影响	降低
每股盈余	减少	减少
每股市价	下跌	下跌
股东权益总额	不影响	不影响
股东权益结构	变化	不影响
适用情况	股价上涨幅度不是太大时	剧涨,预计难以下降

【例8-10】元下旅游公司原发行面值为2元的普通股200 000股,若按每股换成2股的比例进行分割,则分割前后的股东权益结构如表8-6所示。

表8-6 分割前后股东权益结构的比较

单位:元

项 目	分割前	分割后
普通股	400 000(2元×200 000)	400 000(1元×400 000)
资本公积	800 000	800 000
未分配利润	4 000 000	4 000 000
股东权益合计	5 200 000	5 200 000

从实务上看,由于股票分割与股票股利非常接近(表8-5),所以一般要根据证券管理部门的具体规定对两者加以区分。有的国家证券交易机构规定,发放25%以上的股票股利即属于股票分割。

二、股票回购

股票回购是指上市公司利用现金等方式,从股票市场上购回本公司发行在外的一定数额的股票的行为。公司在股票回购完成后可以将所回购的股票注销。但在绝大多数情况下,公司将回购的股票作为"库藏股"保留,仍属于发行在外的股票,但不参与每股收益的计算和分配。库藏股日后可移作他用,如发行可转换债券、雇员福利计划等,或在需要资金时将其出售。

对股东来说,股票回购获得资本利得,需缴纳资本利得税;而发放现金股利,需缴纳一般所得税;当前者不少于后者时,股东将得到少纳税的好处。对公司而言,股票回购有以下作用:

(1)可以避免公司被他人控制;
(2)可以改变公司的资本结构,提高负债比例以发挥财务杠杆作用;
(3)公司拥有购回的股票(库藏股)用来交换被收购或者被兼并公司的股票,也可以用来满足可转换证券持有人转换公司普通股的需要;
(4)公司拥有的多余股票可以在需要现金时售出;
(5)当公司拥有多余的资金,而又没有把握长期维持高股利政策时,以股票购回的方式将多余的现金分给股东,可以避免股利大幅度波动。

在我国,原则上是不允许股票回购的。我国《中华人民共和国公司法》规定,公司不得收购本公司的股票。但为减少公司资本而注销股份或者与持有本公司股票的其他公司收购合并时除外。公司收购本公司的股票后,必须在10日内注销该部分股份。我国2005年发布的《上市公司回购社会公众股份管理办法(试行)》规定,上市公司回购股票只能为了减少注册资本而进行注销,不允许作为库藏股由公司持有。

2018年11月9日,证监会、财政部、国资委联合发布《关于支持上市公司回购股份的意见》,自公布之日起施行。意见拓宽了回购资金来源、适当简化实施程序、引导完善治理安排,鼓励各类上市公司实施股权激励或员工持股计划,强化激励约束,促进公司夯实估值基础,提升公司管理风险能力,提高上市公司质量。

公司有下列情形之一的,可以收购本公司股份:
(1)减少公司注册资本;
(2)与持有本公司股份的其他公司合并;
(3)用于员工持股计划或者股权激励;
(4)股东因对股东大会做出的公司合并、分立决议持异议,要求公司收购其股份的;
(5)上市公司为配合可转换公司债券、认股权证的发行,用于股权转换的;
(6)上市公司为维护公司信用及股东权益所必需的;
(7)法律、行政法规规定的其他情形。

本章小结

旅游企业是实行经济核算的经济实体。为了检验企业的经济效益,必须在每个计算期内用企业的收入弥补其支出,计算出企业的利润。利润是企业的营业收入在扣除企业的营业成本、费用和税金以后的差额。

利润是旅游企业对社会发展做出的贡献,是旅游企业经营管理水平的反映,是旅游企业对股东回报的源泉,是旅游企业扩大再生产的资金保障。

旅游企业对实现的利润必须进行合理的分配。利润分配体现出旅游企业与国家、投资者及职工之间的经济利益关系,因此必须在兼顾各方利益的基础上给以合理的分配。

利润是一项能全面体现旅游企业经营状况和最终财务成果的综合性指标,可以通过以下几项指标对其进行考核:①利润额;②人均利润额;③营业利润率;④总资产利润率。

旅游企业实现利润的状况如何必须通过对利润的分析才能做出评价。旅游企业通过编制利润表的相关指标进行计算,判断利润完成情况以及导致情况发生的原因,从而提出改进工作的措施与建议。

利润分配的顺序是首先以税前利润弥补以前年度的亏损,其次以税法规定做相应调整,然后依法缴纳企业所得税,最后是税后利润的分配。

股利分配政策的核心问题是确定支付股利与留存收益的比例。其中股利分配政策的类型有剩余股利政策、固定股利政策、固定股利支付率政策、低正常股利加额外股利政策。

为了体现公开公平和公正的分配原则,股份公司向股东支付股利,其过程主要经历股利宣告日、股权登记日、除息(或除权)日和股利支付日。

股票分割又称拆股,是指将高面额股票拆分为低面额股票的行为。股票回购是指发行公司利用现金出资购回其所发行的流通在外的一定数额的股票的行为,是支付现金股利的一种替代方法。

思考与练习

1. 利润包含哪几个部分?
2. 利润分配有哪几个原则?
3. 股利政策有哪些?
4. 不同旅游企业如何采用股利分配政策?

案例分析

北京首旅酒店(集团)股份有限公司 2019 年年度权益分派实施公告①

本公司董事会及全体董事保证本公告内容不存在任何虚假记载、误导性陈述或者重大遗漏,并对其内容的真实性、准确性和完整性承担个别及连带责任。

一、通过分配方案的股东大会届次和日期

本次利润分配方案经公司 2020 年 5 月 20 日的 2019 年年度股东大会审议通过。

二、分配方案

(1)发放年度:2019 年年度。

(2)分派对象:截至股权登记日下午上海证券交易所收市后,在中国证券登记结算有限责任公司上海分公司(以下简称"中国结算上海分公司")登记在册的本公司全体股东。

(3)分配方案:分配以方案实施前的公司总股本 988 222 962 股为基数,每股派发现金红利 0.07 元(含税),共计派发现金红利 69 175 607.34 元。

三、相关日期

(1)股权登记日:2020 年 7 月 16 日。

(2)除权(息)日:2020 年 7 月 17 日。

(3)现金红利发放日:2020 年 7 月 17 日。

四、分配实施办法

1. 实施办法

除本公司股东北京首都旅游集团有限责任公司的现金红利由本公司自行发放外,其余股东的现金红利委托中国结算上海分公司通过其资金清算系统向股权登记日上海证券交易所收市后登记在册并在上海证券交易所各会员办理了指定交易的股东派发。已办理指定交易的投资者可于现金红利发放日在其指定的证券营业部领取,未办理指定交易的股东现金红利暂由中国结算上海分公司保管,待办理指定交易后再进行派发。

2. 自行发放对象

公司股东北京首都旅游集团有限责任公司的现金红利由本公司自行发放。

3. 扣税说明

(1)对于 A 股自然人股东和证券投资基金,根据《关于实施上市公司股息红利差别化个人所得税政策有关问题的通知》(财税【2012】85 号)以及《关于上市公司股息红利差别化个人所得税政策有关问题的通知》(财税【2015】101 号)的有关规定,持股期限超过 1 年的,本次分红派息暂免征收个人所得税;持股期限在 1 年以内(含 1 年)的,本次分红派息暂不扣缴个人所得税;本次分红派息每股实际派发现金红利人民币 0.07 元。个人股东及证券投资基金在股权登记日后转让股票时,中登上海分公司根据其持股期限计算实际应纳税额,超过已扣缴税款的部分,由证券公司等股份托管机

---

① 中财网.首旅股份(600258)2019 年度分红派息实施公告[EB/OL].2020-06-01.

构从个人资金账户中扣收并划付中登上海分公司,中登上海分公司于次月 5 个工作日内划付公司,公司在收到税款当月的法定申报期内向主管税务机关申报缴纳。具体实际税负为:股东的持股期限在 1 个月以内(含 1 个月)的,其股息红利所得全额计入应纳税所得额,实际税负为 20%;持股期限在 1 个月以上至 1 年(含 1 年)的,暂减按 50% 计入应纳税所得额,实际税负为 10%。

(2)对于持有公司股票的合格境外机构投资者("QFII")股东,由本公司根据国家税务总局于 2009 年 1 月 23 日颁布的《关于中国居民企业向 QFII 支付股息、红利、利息代扣代缴企业所得税有关问题的通知》(国税函[2009]47 号)的规定,按照 10% 的税率统一代扣代缴企业所得税,税后每股实际派发现金股息人民币 0.063 元。如相关股东认为其取得的股息、红利收入需要享受税收协定(安排)待遇的,可按照规定在取得股息、红利后自行向主管税务机关提出申请。

(3)对于香港联交所投资者(包括企业和个人)投资公司 A 股股票("沪股通"):根据《财政部、国家税务总局、证监会关于沪港股票市场交易互联互通机制试点有关税收政策的通知》(财税【2014】81 号)的规定,其现金红利将由公司通过中登上海分公司按股票名义持有人账户以人民币派发,公司按照 10% 的税率代扣所得税,税后每股实际派发现金红利人民币 0.063 元。

(4)对于其他机构投资者和法人股东,公司将不代扣代缴,其所得税由其自行缴纳,实际派发现金红利为税前每股人民币 0.07 元。

五、有关咨询办法

股东可在工作日拨打电话咨询利润分配事宜。

联系部门:北京首旅酒店(集团)股份有限公司证券市场/投资者关系部

联系电话:010-66014466 转 3846

特此公告。

北京首旅酒店(集团)股份有限公司董事会
2020 年 7 月 13 日

思考问题:

1. 该公司采用何种股利分配政策?
2. 不同的旅游企业公司如何采取适当的股利分配政策?

课外延展

结合对某一旅游企业的调查资料,多角度分析造成该公司采取该类股利分配政策的原因。

第九章

旅游企业财务预算管理

学习目标

通过本章的学习,了解财务预算的概念、作用;了解财务预算的基本分类、程序。掌握编制酒店财务预算的基本方法。根据旅游企业经营的历史数据和对未来发展的预测,制定合理的财务预算,发挥财务预算的控制作用和激励作用。

学习重点

通过本章学习,重点掌握以下知识要点:
1. 财务预算的概念、作用;
2. 财务预算的基本分类、程序;
3. 编制酒店财务预算的基本方法。

关键概念

全面预算　固定预算　弹性预算　零基预算　滚动预算

第一节 财务预算概述

一、旅游企业财务预算的概念

财务预算是一系列专门反映企业未来一定期限内预计财务状况和经营成果,以及现金收支等价值指标的各种预算的总称。财务预算属于企业计划体系的组成内容,是以货币表现的企业长期发展规划和近期经济活动的计划。同时,财务预算又是企业全面预算的一个重要方面,它与企业业务预算(即产、销、存预算)相互联系、相辅相成,共同构成企业完整的全面预算体系。财务预算具有综合性和导向性特征。

为了提高计划的可操作性和可对比性,势必要求长期或短期计划中各项目标能以定量化、具体化、精细化的数据形式出现,这种计划形式可看作广义的预算。总而言之,广义的预算是指以货币形式和其他形式(如职工人数、客房占用数、接待游客数等)体现的具体计划。而狭义的预算主要指财务预算,是指用货币计量的方式,反映企业未来一定预算期的财务状况和经营成果,以及现金收支等价值指标的各种计划。本文从旅游企业财务管理角度出发,主要探讨狭义的企业预算的相关内容。

二、编制预算的作用

(一)能够帮助相关人员明确自身的经营责任和目标

如果没有预算,管理人员常常陷入毫无头绪的日常忙碌中,忙于应付眼前的问题而没有时间去思考未来的发展。这种没有目标的管理将使企业缺乏方向,无法事先预测未来的情况,也无法对其经营绩效进行有效的控制和管理。而编制预算会迫使各级管理者思考未来的目标和目的,促使其明确组织的总体方向及相关部门的任务,预见问题,并制定未来政策、树立自身的经营责任。

(二)为改善决策提供相关资源的信息

一旦预算编制完成后,相关人员会了解到预计收入和相关成本,当经营业绩不理想时,会努力增加销量,当成本增加过快时会及时控制支出,限制一些非关键性的费用支出。这些日常的改善决策,会有效防止一些问题的出现,从而为企业创造一个较好的财务状况。

(三)便于通过分析比较,评价各部门实际工作绩效

有的管理人员习惯将实际结果与过去的业绩相比,从而对工作的绩效进行评估,但事实上,预算的目标和业绩可能是判断实际结果的一个更好的依据。因为历史的数据常常包含着社会经济、技术、竞争环境、人事等多种因素的巨大变化,而这些因素都会导致不同时间段企业经营数据的巨大差异,而使用预算可以减少这方面带来的差异。

通过定期地将实际结果和预算结果相比较,可以及时控制企业的经营管理。当实际和预算出现较大差异时,可以及时采取行动找出原因,加以控制,并据此评价各部门相关人员

的工作绩效。值得注意的是,有些实际结果和预算结果出现较大差异,可能并非实际工作的好坏导致,而是由于预算方法不得当,预算脱离实际所导致,在这种情况下就需要企业找出原因,改进预算编制方法。

(四)改善企业内部沟通和协调,以使各部门的目标和整体目标一致

预算的编制过程,往往需要各部门反复协商、反复沟通,这个沟通过程使得各部门之间加深理解,各部门的目标和企业整体目标趋于一致。同时,预算编制出后,企业以预算的形式向每个员工正式传达了企业的计划,所有员工和部门会更清楚其在实现这些目标中的作用,同时了解到其他部门的要求,相互配合,共同完成企业的整体目标。

三、预算的分类

(一)按预算内容划分

1. 经营性预算

经营性预算反映企业未来的经营过程和成果,涉及公司创造利润的各项活动:如销售、生产、费用、成品等信息;还涉及企业未来现金流入和流出以及总体财务状况的计划。企业往往会在各项分项预算的基础上制作出预计利润表、预计现金流量表和预计资产负债表作为企业总体预算的成果。

2. 资本性预算

在生产过程中,企业常常要做出一些固定资产的投资决策,如增加或削减生产线,设计建设新厂,购买厂房设备等,这些固定资产一旦投资后就会成为生产资本参与到生产经营过程中。由于这些固定资产一般投资金额较大,使用期较长,在使用过程中会涉及相关资金的流入和流出,需要管理层事先对其资金的流动情况进行相应的规划,即资本性预算。因此,资本性预算是对设施、设备、新产品和其他固定资产投资做出的详细的预算。

(二)按预算对象进行划分

1. 全面预算

全面预算汇总企业销售、生产、配送及财务等业务的预算,包括一整套详细经营日程表和预计财务报表的阶段性经营计划,它包括对销售、费用、现金收支和资产负债表的预测。全面预算工作量较大,一般用于企业年度预算。

旅游企业全面预算中两个最主要的部分,是经营性预算和财务预算。经营性预算着重于利润表的相关内容,通过对企业收入、成本、费用等项目的预算,汇总成预算利润表,而财务预算则着重于经营性预算和其他计划(如资本预算和债务的偿还)对现金的影响。

2. 专项预算

专项预算指企业在经营过程中,出于某种原因而对某一经济活动、部门或是对象进行的单独的预算。

(三)按预算编制的方法进行划分

1. 固定预算

固定预算也叫静态预算,是指在编制预算时,只根据预算期内正常的、可实现的某一固

定业务量(如生产量、销售量)水平作为唯一基础来编制预算的一种方法。固定预算法一般适用于固定费用或者数额比较稳定的预算项目,如果预算对象实际销售情况和预算发生较大差异时,就难以进行有效的控制和评价。

2.弹性预算

弹性预算又称变动预算,是指以预算期间可能发生的多种业务量水平为基础,分别确定与之相应的费用数额而编制的,能适应多种业务量水平的费用预算,以便分别反映在各业务量的情况下所应开支(或取得)的费用(或利润)水平。弹性预算能够适应不同经营活动情况的变化,避免了在实际情况发生变化时,对预算做出频繁的修改,更好发挥预算的控制和评价的作用。当然,弹性预算较固定预算的工作量要大,因此需要合理选取可能出现的业务量水平。

【例9-1】A旅行社计划在2019年度推出一条新的旅游线路S,销售价格为600元/人,经核算,该线路包含交通、门票、住宿、餐饮等变动费用约为400元/人次,必须承担的广告等固定费用为10 000元/年,企业预计该线路销售量可能在400人次至600人次之间,则企业可编制弹性预算如表9-1所示。

表9-1　A旅行社2019年度S线路弹性预算

销售量(人次)	单价(元)	变动成本(元/人次)	单位边际利润(元)	固定成本(元)	预计利润(元)
400	600	400	200	10 000	70 000
500	600	400	200	10 000	90 000
600	600	400	200	10 000	110 000

3.零基预算

零基预算是指在编制成本费用预算时,不考虑以往会计期间所发生的费用项目或费用数额,而是以所有的预算支出为零作为出发点,一切从实际需要与可能出发,逐项审议预算期内各项费用的内容及其开支标准是否合理,在综合平衡的基础上编制费用预算的一种方法。这种方法打破了过去的条条框框,避免了因沿袭不合理的历史数据而无法发现问题的情况,使各级部门能够精打细算,合理使用资金,提高经济效益。但是零基预算中一切都以零为起点,编制预算的工作量较大,耗费的时间也较长,可能得不偿失。因此,很多企业一般3—5年进行一次零基预算,以后几年在此基础上进行调整。

4.滚动预算

滚动预算是一种动态预算,其预算期连续不断,始终保持一定的期限。以1年的预算为例,在每月结束时增添1个月的预算,因此预算成为滚动不断的而非周期性的过程。滚动预算以动态的形式把握企业的未来发展趋势,迫使管理者们总是考虑未来的12个月的经营活动,因为当管理者们添加第12个月到滚动预算中时,就要对其他11个月的预算进行相应的调整,这样管理者就能将每月的实际结果与最初计划及最新调整后的计划相比较。

无论哪种预算,在编制过程中都会耗费企业大量的人力和物力,因此在编制预算之前一

定要根据企业的实际情况和目的选择合适的预算编制的内容和方法,保证预算的科学性、可行性。除上述所说的固定预算、弹性预算、零基预算、滚动预算等方法之外,预算编制的方法还有很多,这些方法各有优缺,在具体使用中往往结合使用。

四、编制预算的基本程序

旅游企业预算的编制,尤其是全面预算的编制是一个系统而复杂的过程,因此需要企业科学合理地安排好预算编制流程,统筹各部门的经济关系和职能,使之服从于企业未来的总体目标。同时,在编制过程中尽可能使财务预算具体化、定量化、系统化,区分各经营部门的责任和目标,并将预算和日常经营控制、业绩考核等联系起来,发挥预算应有的作用。不同旅游企业的性质特点不同,因此其具体的预算编制流程也有区别,但是一般而言,旅游企业预算编制过程中都包含以下步骤:

(一)依托调研,做好战略,明确目标

预算编制的过程始于旅游企业高层制定的总体财务目标。企业在预算目标的定位时会有两种倾向:一是定位过高,结果是预算指标远远高于实际,使经营管理者很失望,甚至怀疑预算的实用性;二是定位过低,结果是很容易达到预算指标,使预算失去了激励作用。恰当的预算定位应该是企业高层管理人员在深入开展行业经营环境和市场调查后,依托于合理的企业战略的基础上制定出来的。

(二)以部门为基础,编制企业财务预算

预算总体目标由企业高层提出,具体预算编制草案由旅游企业各部门自下而上编制上报,各部门通过编制预算明确"应该完成什么,应该完成多少,如何完成"的问题,然后由上级领导统一协调,提出修改意见。经过几次商讨后,每次预算的传递既能够使总体预算目标细化为各层面、各部门的分目标,又可以促进企业各层面、各部门的沟通和了解。通过预算编制,使相关人员了解、认可、接受预算,明确自身的责任和目标。

(三)企业财务预算的审核

各部门确定好预算后,由专门的财务预算人员汇总各部门预算,并进一步汇总出全企业的总体预算,然后将总体预算依次呈报总经理、董事会或其他上级主管单位进行讨论通过或者驳回修改。

(四)将预算指标分解落实到相关部门和人员,实行目标管理、工效挂钩,发挥财务控制职能

预算一旦批准后,就要下达给各部门,并将预算指标分解落实到相关部门和人员。此时,各部门主管有必要召开部门会议,传达预算内容,使每一位员工明确自身经营责任,并在部门经营过程中以预算作为重要控制和激励手段,以预算指标为参照进行目标管理。当实际情况与预算有较大偏差时能及时发现问题,将业绩考评和预算指标挂钩,发挥预算的控制和激励作用。

第二节 旅游企业预算的编制

旅游企业预算的编制包括营业预算编制和财务预算编制,旅游企业营业预算是对企业日常营业活动的预算,涉及企业日常经营中生产、销售等环节。旅游企业营业预算主要包括营业收入预算、营业成本预算、销售费用预算、管理费用预算等。而财务预算涉及现金预算以及利润表和资产负债表预算。本节以酒店为例,具体阐述这两部分的预算编制。

一、营业预算的编制

(一)营业收入预算

营业收入预算是整个预算的编制起点,其他预算的编制都以销售预算作为基础。主营业务预算的主要内容是销量、单价和销售收入。首先根据市场调查和企业的实际情况预测出未来的销量或是利润,将其作为目标,然后根据单价计算出对应的销售收入。由于饭店由不同部门组成,各部门主营业务收入的计算各有特点,因此以酒店几个主要部门为例进行说明。

1. 餐饮部营业收入预算的编制

酒店餐饮部各类餐厅提供的产品各有特色,其产品的成本结构、经营状况和销售状况也各有特点。因此,餐饮部主营业务收入预算编制时,一般先分餐厅进行编写,然后进行汇总。具体可按如下步骤编写。

(1)餐厅预计营业收入主要受餐厅座位数量、餐位上座率和人均消费额三个因素的影响。根据市场调查和酒店的历史数据预测出预算期内餐位上座率和人均消费额。由于餐厅早、中、晚餐的上座率和人均消费额差别较大,应根据不同餐厅、不同就餐时间分别预测相关数据。

(2)根据预测值计算出餐厅的主营业务收入,汇总。计算公式如下:

餐饮部预计营业收入 = $\sum$(餐厅座位数×餐位上座率×餐厅人均消费额×预算期营业天数)

【例9-2】J饭店2019年6月餐饮营业收入预计如表9-2所示。

表9-2 J饭店2019年6月餐饮营业收入预算表

单位:元

餐 厅	计算过程	收入合计
中餐厅	早餐:100×90%×10×30=27 000	279 000
	中餐:100×60%×50×30=90 000	
	晚餐:100×90%×60×30=162 000	
西餐厅	早餐:100×50%×20×30=30 000	282 000
	中餐:100×60%×50×30=90 000	
	晚餐:100×90%×60×30=162 000	

续表

餐　　厅	计算过程	收入合计
宴会厅	中餐：200×90％×40×30＝216 000	486 000
	晚餐：200×90％×50×30＝270 000	
自助餐厅	中餐：100×50％×80×30＝120 000	360 000
	晚餐：100×80％×100×30＝240 000	
合计		1 407 000

（3）根据计算出的营业收入，再根据各餐厅赊账情况，预计每月收现情况。

【例 9-3】接上表 9-2，按上例计算方法预算出 2019 年各月餐饮部营业收入。假设 J 饭店餐饮收入平均每月有 10％于下月收到现金。则 J 饭店 2019 年各月的餐饮收入及收现预算情况如表 9-3 所示。

表 9-3　J 饭店 2019 年各月餐饮收入及收现预算表

单位：万元

年份	2018年	2019年												合计
月份	12月	1月	2月	3月	4月	5月	6月	7月	8月	9月	10月	11月	12月	
收入预计	150	180	150	150	180	180	172.2	130	120	150	180	160	150	1 902.2
当月应收账款	15	18	15	15	18	18	17.22	13	12	15	18	16	15	
当月收现金额		162	135	135	162	162	154.98	117	108	135	162	144	135	
收现合计		177	153	150	177	180	172.98	134.22	121	147	177	162	151	1 902.2

值得注意的是，计算餐饮部销售收入时，应将员工用餐或向管理部门收取的膳食账单（工作餐、业务往来用餐和招待津贴）剔除在外。同时，对于和客房及其他服务设施一起一揽子销售的早餐或其他膳食，在编制预算时，应根据酒店规定的方针把一部分营业收入划归餐饮部。

2．客房部营业收入预算的编制

客房营业收入受客房数量、出租率和平均房价三个因素影响。对于一家饭店来说，客房数量在一定时间内是不变的，其平均房价也只能在酒店政策允许的范围内小幅调整，因此，出租率是影响客房营业收入的重要因素,客房出租率越高,房务收入越高。酒店内部客房有不同的类型和档次,房价也有所区别,在编制预算时应分开计算,再汇总。

客房部营业收入计算公式如下:

客房部预计营业收入＝∑(客房数×出租率×平均房价×预算期营业天数)

【例9-4】J饭店拥有普通标准房300间,普通大床房50间,豪华套房30间,其2019年6月客房销售情况预计如表9-4所示。

表9-4　J饭店2019年6月客房营业收入预算表

单位:元

项目	客房数(间)	出租率(％)	平均房价(元)	预算天数(元)	营业收入(元)
普通标准房	300	70	380	30	2 394 000
普通大床房	50	60	400	30	360 000
豪华套房	30	50	560	30	252 000
合计	380				3 006 000

【例9-5】接上表9-4,按上例计算方法预算出2019年各月客房部营业收入。假设J饭店客房收入平均每月有20％于下月收到现金。则J饭店2019年全年的客房收入及收现预算情况如表9-5所示。

表9-5　J饭店2019年各月客房营业收入及收现预算表

单位:万元

年份	2018年	2019年												合计
月份	12月	1月	2月	3月	4月	5月	6月	7月	8月	9月	10月	11月	12月	
收入预计	300	280	290	330	330	380	300.6	320	300	320	350	330	300	3 830.6
当月应收账款	60	56	58	66	66	76	60.12	64	60	64	70	66	60	
当月收现金额	240	224	232	264	264	304	240.48	256	240	256	280	264	240	
收现合计		284	288	322	330	370	316.48	316.12	304	316	344	334	306	3 830.6

3.商品销售部营业收入预算的编制

商品销售部销售商品多样,不同类别的商品其售价、成本、销售数量都有区别,因此在编制预算时应按商品类别进行划分,分别预算不同类商品的预计营业收入,然后进行汇总。酒店商品销售情况都会受到酒店的入住率、客人消费水平等因素的影响,需要在对酒店未来情况深入分析的基础上对商品销售量进行合理的预计。其计算公式如下:

$$商品销售部预计营业收入 = \sum(某类商品预计销售价 \times 商品预计销售数量)$$

【例9-6】J饭店商品销售分为工艺品、食品研究、日用品三类,商品不赊账,经测算,J饭店2019年各月商品销售收入如表9-6所示。

表9-6　J饭店2019年各月商品销售收入及收现预算表

单位:万元

年份	2019年												合计
月份	1月	2月	3月	4月	5月	6月	7月	8月	9月	10月	11月	12月	
收入预计	20	20	25	30	30	30	30	25	30	35	25	20	320
收现预计	20	20	25	30	30	30	30	25	30	35	25	20	320

4.其他营业收入预算的编制

除餐饮、客房、商品销售收入外,酒店还有康乐、洗衣、车辆出租等产生的营业收入。

(二)成本费用预算

1.营业成本预算的编制

营业成本预算,是企业按照预算期的特殊经营情况所编制的预定成本。它属于一种预计或未来成本。确定预算成本时,应以企业预算期内的销售预算为基础编制营业成本预算。值得注意的是,旅游企业中酒店营业成本的预算一般只包括餐饮成本预算、商品销售成本预算、车辆营运成本预算等,而客房、康乐等以固定资产运营为主的部门在经营中产生的能源、人力等支出难以归结到某一特定产品中,因此一般归结至营业费用中。

(1)餐饮部成本预算的编制。

餐饮成本预算是在编制营业收入预算的基础上进行编制的,一般有两种方法:

一种方法是根据营业收入和历史资料、酒店星级、市场供求关系等确定本酒店餐厅的毛利率。其计算公式为:

$$预算期餐饮成本 = \sum[某餐厅预算餐饮营业收入 \times (1 - 某餐厅预计餐饮毛利率)]$$

另一种方法是根据标准成本计算,对购进的食品原材料进行加工测试,求加工后实际净料成本,编制成本计算表来确定每种食品主料、配料的标准成本,然后追加一定的附加成本,最后确定出餐饮制品的标准成本。计算公式为:

$$预算期餐饮成本 = \sum(某餐厅预算餐饮营业收入 \times 标准成本率)$$

(2)客房部成本预算编制。

①变动预算费用的编制。

客房部的变动费用包括日常维修费用、针织品消耗、物料用品消耗、洗涤费、水电费等。对于这些费用可以采用如下方法进行,以针织品消耗为例:

针织用品成本预算 $= \sum$（客房数量×预计出租率×某类消耗品每间客房配备量×某类针织品平均单价×预算期天数）

②固定预算费用的编制。

固定资产预算是指根据酒店的要求,对酒店内部客房的设备、设施根据更新改造计划或工作需要,提出购置、补充或翻新等的预算,主要包括各种清洁机器设备的购置和补充、先进设备的引进、家具的更新或翻新,以及各种服务型设备的购置,如制冰机、热水器、吸尘器等等。

(3)商品销售部成本预算编制。

商品部销售成本是指已经销售商品的成本进价。故其计算公式为：

商品成本预算金额 $= \sum$ [预算期某类商品销售额×(1－该类商品毛利率)]

2. 期间费用预算的编制

企业的期间费用包括营业费用、管理费用和财务费用,这些费用直接计入当期损益,从企业获得的当期营业收入中得以补偿。

(1)营业费用。

营业费用是指企业各个营业部门在其经营过程中发生的各项费用开支,根据新制度规定,营业费用内容大致包括以下几个方面：

运输费：购入存货,商品的各项运输费用,燃料费等。

保险费：向保险公司投保所支付的财产保险费用。

燃料费：餐饮部门在加工饮食制品过程中所耗用的燃料费用。

水电费：各营业部门在其经营过程中所耗用的水费和电费。

广告宣传费：进行广告宣传而应该支付的广告费和宣传费用。

差旅费：各营业部门的人员因出差所需的各项开支。

洗涤费：各个营业部门为员工洗涤工作服而发生的洗涤费开支。

低值易耗品摊销：各营业部门在领用低值易耗品分别进行的费用摊销。

物料消耗：营业部门领用物料用品而发生的费用。物料用品包括客房、餐厅的一些日常用品(如针棉织品、餐具、塑料制品、卫生用品、印刷品等),办公用品(如办公用文具、纸张等),包装物品,日常维修用材料、零配件等。各营业部门发生的修理费用也记入此。

经营人员工资及福利费：企业各营业部门直接从事经营服务活动的人员的工资及福利费,包括工资、奖金、津贴、补贴等。

工作餐费：旅游企业按规定为各营业部人员提供的工作餐费。

服装费：旅游企业按规定为各营业部人员制作工作服而发生的费用。

其他与各营业部门有关的费用。

(2)管理费用。

管理费用是指企业为组织和管理经营活动而发生的费用以及不便于分摊,应由企业统一认定负担的费用,包括以下几个方面：

公司经费：企业行政管理部门的行政人员工资,福利费、工作餐费、服装费、办公费、会议费、差旅费、物料消耗低耗品摊销,以及其他行政经费。

工会经费：按职工工资总额的 2% 提取,在成本中列支的费用。

职工教育经费:按职工工资总额的2%提取,在成本中列支的费用。

董事会经费:旅游企业最高权力机构董事会以及董事为执行各项职能而发生的各种费用,包括差旅费、会议费等。

税金:企业按规定在成本费用中列支的房产税、车船使用税、土地使用税、印花税。

燃料费:管理部门耗用的各种燃料费用。

水电费:管理部门办公用水、电费。

折旧费:企业全部固定资产折旧费用。

修理费:企业除营业部门以外的一切修理费用。

开办费摊销:企业在筹建期间发生的费用,按规定摊销期摊销。

交际应酬费:企业在业务交往过程中开支的各项业务招待费,按全年营业收入净额的一定比例控制使用按实列支。

存货盘亏和毁损:存货在盘亏和毁损中的净利损失部分。不包括非损失部分,以及其他一切为组织和管理酒店经营业务活动而发生的费用。

3. 财务费用

财务费用是指旅游企业在其经营业务过程中为解决资金周转等问题在筹集资金时所发生的费用开支。包括利息(减利息收入),汇兑损失(减汇兑收益),金融机构手续费等。

某公司某月费用预算如表9-7所示。

表9-7 期间费用预算表

某公司

项目		本月				累计			
		实际	预算	差额	差异率(%)	实际	预算	差额	差异率(%)
营业费用	运输费								
	保险费								
	燃料费								
	水电费								
	广告宣传费								
	差旅费								
	洗涤费								
	低值易耗品摊销								
	物料消耗								
	经营人员工资及福利费								
	工作餐费								
	服装费								
	其他								
	小计								

续表

项目		某公司							
		本月				累计			
		实际	预算	差额	差异率(%)	实际	预算	差额	差异率(%)
管理费用	公司经费								
	工会经费								
	职工教育经费								
	董事会经费								
	税金								
	燃料费								
	水电费								
	折旧费								
	修理费								
	开办费摊销								
	交际应酬费								
	存货盘亏和损毁								
	其他费用								
	小计								
财务费用	利息支出								
	利息收入								
	汇兑损失								
	金融机构手续费								
	现金折扣								
	其他								
	小计								
	总计								

二、财务预算的编制

财务预算是旅游企业的综合性预算,包括现金预算、利润表预算、资产负债表预算。

(一)现金预算

旅游企业的现金预算,主要是规划企业在经营过程中现金的流入、流出以及净现金流动的产生情况,以便更好地调度现金,保证生产经营的需要。这里说的现金是指企业的库存现金和银行存款等货币资金。现金预算是企业财务预算的中心,由四部分组成:现金收入、现

金支出、现金多余或不足、现金的筹措和运用。

1. 现金收入

现金收入包括期初现金余额和预算期现金收入,销售取得的现金收入是其主要来源,包括现销收入、回收应收账款款项、应收票据的兑现等。

2. 现金支出

现金支出包括预算期的各项现金的支出,如营业成本、营业费用、管理费用中涉及的需要现金支出的项目,还包括各项税费、购置设备、股利分配等现金支出,有关的数据分别来自另行编制的专门预算。

3. 现金多余或不足

现金多余或不足主要反映出现金收入合计与现金支出合计的差额。差额为正,说明收大于支,现金有多余,可用于偿还过去向银行取得的借款,或是用于短期投资。差额为负,说明支大于收,现金不足,要向银行取得新的借款。

4. 现金的筹措和运用

现金的筹措和运用反映预算期内因资金不足向银行借款,或发放短期商业票据以筹集资金,以及还本付息的情况。

现金预算实际上是其他业务预算(如营业收入预算、成本预算、费用预算等)有关现金收支部分的汇总,以及收支差额平衡措施的具体计划。它的编制,要以其他各项预算为基础,或者说其他预算在编制时要为现金预算做好数据准备。

(二)利润表预算

利润表预算和资产负债表预算是财务管理的重要工具。财务报表预算的作用与历史实际的财务报表不同。所有企业都要在年终编制历史实际的财务报表,这是法律强制执行的。而财务报表预算主要为企业财务管理服务,是控制企业资金、成本和利润总量的重要手段。因其可以从总体上反映一定期间企业经营的全局情况,通常称为企业的"总预算"。

利润表预算与实际利润表的内容、格式相同,只不过数据是面向预算期的。它是在汇总营业收入、营业成本、期间费用、资本支出等预算的基础上加以编制的,通过编制利润预算,可以了解企业预期的盈利水平。如果预算利润和最初编制方针中的目标利润有较大的不一致,就需要调整部门预算,设法达到目标,或是经企业领导同意后修改目标利润。

【例 9-7】以 J 饭店为例,下面为 J 饭店 2019 年的预算利润表,如表 9-8 所示。

表 9-8 J 饭店 2019 年预算利润表

单位:万元

项 目	金 额
营业收入	6 647.8
减:营业成本	1 171.6
营业税金及附加	137
营业费用	2 568

续表

项　　目	金　　额
管理费用	1 150
财务费用	28
利润总额	1 593.2
减:所得税(25%)	398.3
净利润	1 194.9
加:期初未分配利润	300
可供分配利润	1 494.9
减:提取盈余公积(本期净利润×10%)	119.49
提取公益金(本期净利润×5%)	59.745
支付股利	500
年末未分配利润	815.665

(三)资产负债表预算

资产负债表预算与实际的资产负债表内容、格式相同,只不过数据是反映预算期末的财务状况。该表是利用本期期初资产负债表,根据营业收入、营业成本、期间费用、资本支出等预算的有关数据加以调整编制的。通过编制资产负债预算表,可以帮助企业管理者判断预算反映的财务状况的稳定性和流动性。如果通过资产负债表预算的分析,发现某些财务比率不佳,必要时可以修改有关预算,以改善财务状况。

【例 9-8】以 J 饭店为例,下面是 J 饭店 2019 年的预算负债表,如表 9-9 所示。

表 9-9　J 饭店 2019 年预算负债表

单位:万元

资　产	年　初	年　末	负债及所有者权益	年　初	年　末
货币资金	100	854.9	短期借款	600	0
应收账款	60	60	实收资本	20 000	20 000
物料	300	300	资本公积	5 000	5 000
固定资产	27 740	28 040	盈余公积	300	479.235
累计折旧	2 000	2 960	未分配利润	300	815.665
资产总计	26 200	26 294.9	权益总计	26 200	26 294.9

本章小结

预算管理是旅游企业财务管理的重要手段。所谓预算，就是利用货币量度，对旅游企业某个时期的全部经济活动正式计划所做出的数量反映。财务预算是对旅游企业未来某个时期财务报表所列项目的计划的一种数量反映。

预算的编制通常是以1年为一期，这样可以使预算期间与会计年度保持一致，以利于预算执行结果的分析、评价和考核。

旅游企业预算的种类包括：资本预算和经营预算；期间预算和项目预算；部门预算和总预算；短期预算和长期预算；全面预算和专门预算。

旅游企业编制预算可以起到以下作用：辅助决策作用、明确目标作用、控制财务活动作用、协调工作作用、考核业绩作用。要使预算的编制更加科学，必须掌握旅游企业预算编制的依据、原则及方法。编制依据主要有国家制订的国民经济和社会发展计划及旅游业的发展规划与要求；市场调研资料；财务分析资料；近期财务报表及经济核算资料；旅游企业经营目标、经营方法和经营决策。

旅游企业预算编制的原则主要包括以经营目标为前提的原则、统筹兼顾的原则、实事求是的原则、先进合理的原则、责任落实的原则。

编制预算的方法主要有传统预算法（固定预算法），即以历史的数据为基数，按预算期内一定的增长率或节约率来编制预算；零基预算法，即以零为基础编制预算的方法；滚动预算法（永续预算法），即一种随着时间的推移自行延伸从而始终使预算保持在一个特定的期限内的预算方法；弹性预算法，即以旅游企业预算期内预计业务量为基础，编制出能反映在预算期内多种业务量水平的预算。

思考与练习

1. 什么是旅游企业财务预算？旅游企业预算的种类有哪些？
2. 旅游企业财务预算编制的程序是什么？
3. 如何理解旅游企业弹性预算的特点？为什么要采用自上而下和自下而上相结合的方法？

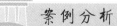

案例分析

锦江酒店集团：全面预算管理嬗变①

锦江酒店是中国主要酒店服务供应商之一，主要从事星级酒店营运与管理、经济型酒店营运与特许经营以及餐厅营运等业务。锦江酒店是一家在 A 股、B 股、H 股三个市场上市的公司，其业务板块也由三部分组成：星级酒店、经济型酒店锦江之星、酒店管理。

Excel 手工预算已经在锦江酒店沿用多年，其公式计算、数据分析等功能也与财务管理的要求基本契合。但是，自 2005 年开始，锦江之星进入了每月至少新设一家经济型酒店的扩张通道。这种速度令锦江酒店的财务人员感到，Excel 手工预算编制和分析已无法实现对企业的管控，他们根本不清楚自身还有多少资源来支撑锦江之星的扩张规模与速度，无法预知扩张过程的风险与效率。Excel 手工预算作为 IT 应用工具的数据无法集中管理的缺陷，被凸显出来。

锦江酒店集团采用的全面预算管理体系是运用多维度数据的模型结构，组织架构是横向与纵向交错的矩阵体。根据锦江酒店的业务分类，实现架构的预算体系中包含了三个部分：锦江之星板块，A、B 股板块（即星级酒店业务）、酒店管理板块。而在每一个板块之下，又从不同角度进行了细分，譬如在锦江之星板块下，合并报表口径分类是从法定股权关系下的财务报表合并方式差异进行的区分；从区域划分角度来看，分为华东地区、华中地区、华南地区、北方地区四个部分；按投资主体分类，有的子公司是由锦江之星控股公司进行投资，有的子公司的投资主体是集团总部但由锦江之星控股公司进行管理；从物业性质来看，有的酒店是具有产权的，有的酒店是租赁地产形式的。与业务板块细分相交叉的，还有责任主体的细分，这就体现为利润中心（如餐厅、商场、客房管理部门）与成本中心（如后勤部门）的差异。虚线架构下的预算细分，体现的则是财务报表合并与披露要求下的主体划分。

通过设置多维数据的预算体系，锦江酒店集团可以实现的预算维度也丰富起来，既有包括会计科目、报表项目和各类预算指标的预算科目（指标）维度，也有包含集团成员公司的不同管理组织结构的预算主体维度，更有分别细化为预算年度与预算月份的会计年度维度和会计期间维度，以及更为个性化的会计准则维度、版本维度、货币维度等内容。

全面预算管理的实施，支持了锦江酒店集团的经济型酒店高速扩张中的资源配置，将集团管控方向聚焦于成本管控；实现了集团财务会计报告平台和责任会计报告平台的一体化应用；实现了预算管理与核算系统的自动化集成，及时跟踪分析预算的执行情况；规范和固化了预算编制和分析的规则和流程，并兼容了责任主体在预算管

---

① 丘创.锦江酒店集团：全面预算管理嬗变[EB/OL]. http://news.e-works.net.cn/category10/news50873.htm，2013-06-18.

理中的差异;实现了预算编制、滚动预测、调整和执行动态分析的整体应用;借助IT技术得以实现可控的战略扩张,降低了战略执行过程的风险。

全面预算平台为锦江酒店提供了强大的预算管理协同工作平台,使集团各预算单位能够在该平台上共同参与全面预算管理。通过全面预算管理,锦江酒店能更加清晰地了解企业的运营状况,全面提升集团管理的决策支持能力,并能精确地预测各项活动对集团运营所产生的影响,同时对市场的变化做出及时的反应,发现和推进潜在的利润增长点,保持集团的竞争优势。

思考问题:

1. 你认为采用全面预算管理系统对于锦江酒店集团来讲体现了哪些方面的便利?现代酒店集团引进大型预算管理系统的意义是什么?

2. 了解国外酒店集团的预算编制,谈谈你认为中外酒店在编制预算中的做法有什么不同?国内饭店可以从国外饭店预算编制中学到些什么?

课外延展

如果你是某旅游企业经理,你如何看待企业编制预算的意义?

第十章

旅游企业财务分析

学习目标

通过本章的学习,了解财务报表基本知识,理解财务分析的概念和方法,掌握各项财务指标的分析计算方法,掌握杜邦综合分析法,运用这些方法对旅游企业的财务状况进行分析与评价。

学习重点

通过本章学习,重点掌握以下知识要点:
1. 财务报表基本知识;
2. 财务分析的概念和方法;
3. 各项财务指标的分析计算方法,杜邦综合分析法。

关键概念

财务报表　财务分析　财务指标　长期偿债能力　短期偿债能力

第一节 财务分析概述

一、财务报告体系

(一) 财务报告与财务分析

上市公司每年都要向股东公布上一年的年度财务报告,简称年报。财务报告包括财务报表及附注两部分。财务报告概括地反映了一个企业的财务状况、经营成果和现金流量信息,使企业的投资者、债权人、管理者及其他财务报告的使用者对企业的基本情况有一个初步的认识。但这些初步的情况还不足以支持报告的使用者做出是否投资、是否提供信贷、实施哪些管理改进措施等重大的决策。为此,有必要利用专业的分析技术对财务报告提供的信息进一步加工、整理,提炼出更多的适合正确决策的信息,这就需要用专门的技术手段对财务报告进行分析和评价。所谓财务分析,就是在对企业现有财务数据和经营状况了解的基础上,综合运用各种分析方法和技巧,评价企业过去的经营业绩,衡量企业现在的财务状况,预测企业未来的发展趋势,为企业相关利益者正确地进行财务决策提供合理的依据。

(二) 财务报告体系的构成

1. 资产负债表

资产负债表是反映企业在某一特定时点财务状况的会计报表,它根据企业的资产、负债及所有者权益之间的关系,按照一定的分类标准和顺序,将企业一定日期的资产、负债和所有者权益各个项目予以适当的排列,再对日常会计数据的分类汇总后编制而成。资产负债表建立在"资产－负债＝所有者权益"的恒等式基础上,这个恒等式要求企业同时掌握资金的来源(负债和所有者权益)与资金的用途(如何把资金分配在各种资产上),是了解企业财务结构最重要的工具。

【例 10-1】表 10-1 是 J 饭店 2019 年 12 月 31 日的资产负债表。

表 10-1 资产负债表

编制单位:J饭店　　2019 年 12 月 31 日　　单位:元　　币种:人民币

资产	期末余额	期初余额	负债及所有者权益	期末余额	期初余额
流动资产			流动负债		
货币资金	495 539 862.58	500 902 864.09	短期借款	169 871 216.95	186 842 255.84
交易性金融资产			交易性金融负债		
应收票据			应付票据		
应收账款	16 792 131.66	17 708 901.85	应付账款		
预付款项	28 888 203.50	11 240 688.64	预收款项		
应收利息			应付职工薪酬		

续表

资产	期末余额	期初余额	负债及所有者权益	期末余额	期初余额
应收股利			应交税费		
其他应收款	2 645 578.60	3 271 040.35	应付利息		
存货	56 376 956.42	36 215 470.19	应付股利		
一年内到期的非流动资产			其他应付款		
其他流动资产			一年内到期的非流动负债		
流动资产合计	600 242 732.76	569 338 965.12	其他流动负债		
非流动资产			流动负债合计	169 871 216.95	186 842 255.84
可供出售金融资产			非流动负债		
持有至到期投资			长期借款		
长期应收款			应付债券		
长期股权投资	54 906 588.61	58 076 802.14	长期应付款		
投资性房地产			递延所得税负债		
固定资产	256 513 331.08	271 283 072.39	其他非流动负债		
在建工程	374 869 715.84	284 529 326.63	非流动负债合计		
工程物资			负债合计	169 871 216.95	186 842 255.84
固定资产清理			股东权益	1 116 961 686.89	997 098 685.72
无形资产			股本		
商誉			资本公积		
长期待摊费用		81 281.37	减:库存股		
递延所得税资产	300 535.55	631 493.91	盈余公积		
其他非流动资产			未分配利润		
非流动资产合计	686 590 171.08	614 601 976.44	股东权益合计	1 116 961 686.89	997 098 685.72
资产合计	1 286 832 903.84	1 183 940 941.56	负债和股东权益合计	1 286 832 903.84	1 183 940 941.56

2. 利润表

利润表是反映企业在一定会计期间内的经营成果的会计报表。它把一定时期内的企业从事经营业务取得的收入、对外投资取得的收入、非经营业务取得的收入与从事经营业务发生的成本、销售费用、管理费用、财务费用进行对比,从而计算出企业的净利润。利润是企业经营业绩的综合体现,是进行利润分配的基础,因此利润表也是衡量企业经营绩效最重要的依据，如表 10-2 所示。

表 10-2 利润表

编制单位：J 饭店　　2019 年 12 月 31 日　　单位：元

项　　目	本 期 金 额	上 期 金 额
一、营业总收入		
其中：营业收入	421 886 725.14	409 232 545.34
利息收入		
二、营业总成本		
其中：营业成本	199 242 069.09	202 233 094.46
利息支出		
手续费及佣金支出		
营业税金及附加		
销售费用		
管理费用		
财务费用		
资产减值损失		
加：公允价值变动收益		
投资收益（损失以"－"号填列）		
其中：对联营企业和合营企业的投资收益		
汇兑收益（损失以"－"号填列）		
三、营业利润（亏损以"－"号填列）		
加：营业外收入		
减：营业外支出		
其中：非流动资产处置净损失		
四、利润总额（亏损总额以"－"号填列）	92 764 368.48	88 520 266.48
减：所得税费用		
五、净利润（净亏损以"－"号填列）	69 412 738.94	59 985 032.67
归属于母公司所有者的净利润		
少数股东损益		
六、每股收益		
（一）基本每股收益（元/股）		
（二）稀释每股收益（元/股）		

3. 现金流量表

现金流量表是以现金的流入和流出汇总说明企业在报告期内经营活动、投资活动、筹资活动现金流量状况的会计报表。它通过企业经营活动、投资活动、筹资活动的现金流入和流出情况,说明企业经营业务获取现金、偿还债务、支付股利和利息的能力,从另一个角度审视企业的经营成果,弥补利润表在衡量企业绩效时面临的盲点。现金流量表是评估企业能否持续存活及竞争最核心的工具,如表 10-3 所示。

表 10-3　现金流量表

编制单位:J饭店　　2019 年 12 月 31 日　　单位:元

项　　目	本　期　金　额	上　期　金　额
一、经营活动产生的现金流量		
销售商品、提供劳务收到的现金		
收到其他与经营活动有关的现金		
经营活动现金流入小计		
购买商品、接受劳务支付的现金		
支付保单红利的现金		
支付给职工以及为职工支付的现金		
支付的各项税费		
支付其他与经营活动有关的现金		
经营活动现金流出小计		
经营活动产生的现金流量净额		
二、投资活动产生的现金流量		
收回投资收到的现金		
取得投资收益收到的现金		
处置固定资产、无形资产和其他长期资产收回的现金净额		
处置子公司及其他营业单位收到的现金净额		
收到其他与投资活动有关的现金		
投资活动现金流入小计		
购建固定资产、无形资产和其他长期资产支付的现金		
投资支付的现金		
质押贷款净增加额		
取得子公司及其他营业单位支付的现金净额		
支付其他与投资活动有关的现金		
投资活动现金流出小计		
投资活动产生的现金流量净额		
三、筹资活动产生的现金流量		
吸收投资收到的现金		
其中:子公司吸收少数股东投资收到的现金		
取得借款收到的现金		

续表

项　　目	本期金额	上期金额
发行债券收到的现金		
收到其他与筹资活动有关的现金		
筹资活动现金流入小计		
偿还债务支付的现金		
分配股利、利润或偿付利息支付的现金		
其中：子公司支付给少数股东的股利、利润		
支付其他与筹资活动有关的现金		
筹资活动现金流出小计		
筹资活动产生的现金流量净额		
四、汇率变动对现金及现金等价物的影响		
五、现金及现金等价物净增加额		
加：期初现金及现金等价物余额		
六、期末现金及现金等价物余额		

4. 所有者权益变动表

所有者权益变动表是指反映构成所有者权益各组成部分当期增减变动情况的报表。所有者权益变动表应当全面反映一定时期所有者权益变动的情况，不仅包括所有者权益总量的增减变动，还包括所有者权益增减变动的重要结构性信息，特别是要反映直接计入所有者权益的利得和损失，让报表使用者准确理解所有者权益增减变动的根源。所有者权益变动表是反映企业股利政策，评价管理层对股东态度的一个重要工具，如表10-4所示。

表10-4　所有者权益变动表

编制单位：J饭店　　　2019年12月31日　　　单位：元

项　　目	本年余额							
	归属于母公司所有者权益						少数股东权益	所有者权益合计
	股本	资本公积	盈余公积	一般风险准备	未分配利润	其他		
一、上年年末余额								
二、本年年初余额								
三、本年增减变动金额（减少以"－"表示）								
（一）净利润								
（二）直接计入所有者权益的利得和损失								

续表

项 目	本 年 余 额							
	归属于母公司所有者权益						少数股东权益	所有者权益合计
	股本	资本公积	盈余公积	一般风险准备	未分配利润	其他		
小计								
(三)所有者投入和减少的资本								
(四)利润分配								
1. 提取盈余公积								
2. 提取一般风险准备								
3. 对所有者(或股东)的分配								
(五)所有者权益的内部结转								
四、本期期末余额								

5. 附注

附注是对在资产负债表、利润表、现金流量表和所有者权益变动表等报表中列示项目的文字描述或明细资料,以及对未能在这些报表中列示项目的说明等。一般包括:

(1)财务报表的编制基础;

(2)遵循企业会计准则的声明;

(3)重要会计政策的说明,包括财务报表项目的计量基础和会计政策的确定依据等;

(4)重要会计估计的说明,包括下一会计期间内很可能导致资产和负债账面价值重大调整的会计估计的确定依据等;

(5)会计政策和会计估计变更及差错更正的说明;

(6)对已在资产负债表、利润表、现金流量表和所有者权益表等报表中列示的重要项目的进一步说明,包括终止经营税后利润的金额及其构成情况等;

(7)或有和承诺事项,资产负债表日后非调整事项,关联方关系及其交易等需要说明的事项。

二、财务分析报告的使用者

如前所述,对外发布的财务报告是根据所有使用者的一般要求设计的,并不适合特定报表使用者的特定目的。报表使用者要从中选择自己需要的信息,重新组织并研究其相互关系,使之符合特定决策的要求。公司财务报表分析的主要使用者有以下七种:

(一)权益投资者

为决定是否投资,需要分析公司未来盈利能力和经营风险;为决定是否转让股份,需要分析盈利状况、股价变动和发展前景;为考察经营者业绩,需要分析资产盈利水平、破产风险和竞争能力；为决定股利分配政策，需要分析筹资状况。

（二）债权人

为决定是否给公司贷款，需要分析贷款的报酬和风险；为了解债务人短期偿债能力，需要分析其流动状况；为了解债务人长期偿债能力，需要分析其盈利状况和资本结构。

（三）治理层和管理层

为满足不同利益相关者的需要，协调各方面的利益关系，需要进行内容广泛的财务分析，几乎包括外部使用人关心的所有问题。

（四）政府

为履行政府职能，需要了解公司纳税情况、遵守政府法规和市场秩序情况以及职工收入和就业情况。

（五）注册会计师

为减少审计风险，需要评估公司的盈利性和破产风险；为确定审计重点，需要分析财务数据的异常变动。

（六）供应商

为决定是否建立长期合作关系，需要分析供应商的持续供货能力和售后服务能力。

（七）员工

为自身发展需要，需分析企业经营状况、盈利能力和未来发展前景。尽管不同利益相关者进行财务分析各有侧重，但总体来看，财务分析可分为两大层次：业绩评价和价值评估。前者包括短期偿债能力、长期偿债能力、营运能力和盈利能力；后者包括衡量市场价值的各种比率。

第二节　财务分析的基本方法

旅游企业财务报告的分析方法是多种多样的，在实际工作中要根据分析主体的具体分析目的和资料的实际特征进行合理的选择和确定。一般来说，财务报告分析的方法主要包括比较分析法、趋势分析法、比率分析法、因素分析法和综合分析法。

一、比较分析法

分析建立在比较的基础上，通过比较来发现问题和差异。从而分析其产生的原因，提出改进的建议和措施，因此，比较分析法是财务报告分析中最常见、最基本的分析方法。比较分析法是将旅游企业相关经济指标和选定的标准进行比较，以确定指标与标准之间差异的分析方法。根据分析要求和目的的不同，比较分析法可分为企业内部实际指标比较、实际指标与预算指标比较、本企业指标与国内外同行业先进企业指标或平均水平比较三种形式。

值得注意的是，使用比较分析法进行财务报告分析时应注意对比指标之间在指标内容、计算口径、计价标准和时间限度等方面应完全一致，否则不能进行比较；要充分考虑到价格水平的影响,排除不同地区企业和价格水平波动可能导致的价格差异,然后再进行比较;要充分考虑会计处理方法对财务分析的影响,两个企业之间的差异还有可能是由于采取的会计处理方法不同导致的。

(一)企业内部实际指标比较

将实际指标与本企业以前多期历史指标相比较,以把握企业前后不同时期有关指标的变动情况,了解企业财务活动的发展趋势和管理水平的提高情况。在实际工作中,最典型的形式是将本期实际指标与上期实际指标或历史最高水平进行比较。

(二)企业实际指标与预算指标比较

将企业的实际指标与预算指标比较,以揭示实际与预算指标之间的差异,掌握该指标预算完成的情况。

(三)企业内部指标与国内外同行业先进企业指标比较

主要是将本企业内部指标与国内外同行业先进企业指标或同行业平均水平进行比较,找出本企业与国内外先进水平或行业平均水平之间的差距,明确本企业的财务管理水平或经济效益在行业中的地位,推动本企业努力赶上或超过先进水平。

【例10-2】某酒店2019年管理费用实际与预算金额比较资料(见表10-5)。

表10-5 某酒店2019年管理费用比较分析表

单位:万元

费用项目	本期预算额	本期实际费用	差异额	差异比率(%)
工资及福利费	770	849	79	10.26
折旧费	237	237	0	0
修理费	190	195	5	2.63
办公费	221	212	−9	−4.07
差旅费	93	98	5	5.38
业务招待费	130	150	20	15.38
合计	1 641	1 741	100	6.09

从表10-5看出,该酒店管理费用实际比预算要高6.09%,其主要原因是工资及福利费和业务招待费超支较严重,应进一步查清原因。

二、趋势分析法

趋势分析法又称水平分析法,是通过对比若干期财务报告中的相同指标,确定其增减变动的方向、数额和幅度,来说明企业财务状况、经营成果和现金流量变动趋势的分析方法。采用该方法,可以分析变化的原因及性质,并预测企业未来的发展前景。趋势分析法可用文字表述,也可以用图解、表格来表述。

值得注意的是,使用趋势分析法时,各个时期的指标在计算口径上必须保持一致,要剔除偶发性项目的影响,使作为分析的数据能反映正常的经营状况;应选取有显著变动的指标做重点分析;分析的项目应有针对性,切合分析的目的需要。

具体来说,对不同时期财务指标的比较,可以有以下两种方法:

(1)定基动态比率。定基动态比率(简称定比)是以某一时期数额为固定基期数额而计算的动态比率。其计算公式为:

$$定基动态比率=(分析期数额/固定基期数额)\times100\%$$

例:某旅行社以2017年为固定基期,分析2018年、2019年利润增长比率。

假设某旅行社2017年的净利润为100万元,2018年的净利润为120万元,2019年的净利润为150万元。

则:2018年的定基动态比率$=120/100\times100\%=120\%$

2019年的定基动态比率$=150/100\times100\%=150\%$

(2)环比动态比率。环比动态比率(简称环比)是以每一分析期的前期数额为基数额而计算的动态比率。其计算公式为:

$$环比动态比率=(分析期数额/前期数额)\times100\%$$

例:某企业2015年净利润为100万元,2018年为500万元,2019年为600万元,如果以2015年为固定基期,要求计算2019年净利润的环比动态比率。

2019年的环比动态比率$=600/500\times100\%=120\%$

三、比率分析法

比率分析法是通过计算各种比率来确定经济活动变动程度的分析方法。比率是相对数,计算比率的过程就是将某些指标标准化的过程。采用这种方法,能够把某些条件下的不可比指标变为可比指标,以利于分析比较。比率有很多种,常用的主要有如下三种情况:

(一)构成比率

构成比率又称结构比率,它是某项财务指标的各组成部分数值的百分比,反映部分与总体的关系。其计算公式为:

$$构成比率=(某个组成部分数值/总体数值)\times100\%$$

例如,企业资产中流动资产、长期资产占资产总额的百分比(资产构成比率),企业负债和所有者权益中负债、所有者权益占两者总额的百分比(资本结构比率)。利用构成比率,可以考察总体中某个部分是否合理,以便协调各项财务活动。

(二)效率比率

效率比率是某项财务活动中所费与所得的比例,反映投入与产出的关系。利用效率比率,可以进行的是考察经营成果,评价经济效益。例如,将利润项目与营业成本、营业收入、资本金等项目加以对比,可计算出成本利润率、营业净利润以及资本金利润率等利润率指标,可以从不同角度比较企业盈利能力的高低并观察其增减变化情况。

(三)相关比率

相关比率是将某个项目和与其相关但又不同的项目进行对比得出的比率,反映有关经济活动的相互关系。利用相关比率,可以考察企业彼此关联的业务安排得是否合理,以保障运营活动顺畅进行。比如,将流动资产与流动负债加以对比计算流动比率,据以判断企业的短期偿债能力。

四、因素分析法

因素分析法是根据分析指标与其驱动因素的关系,从数量上确定各因素对分析指标的影响方向及程度的分析方法。这种方法的分析思路是,当有若干因素对分析指标产生影响时,在假设其他各因素都不变的情况下,顺序确定每个因素单独变化对分析指标产生的影响。值得注意的是,使用该方法时,因素分解要有关联性,不能把毫不相干的几个因素合在一起进行分析,同时因素替代要按内在因素的关联性遵循一定的顺序进行。具体而言,因素分析法有以下两种。

(一)连环替代法

连环替代法是将分析指标分解为各个可以计量的因素,并根据各个因素之间的依存关系,顺次用各因素的比较值(通常为实际值)替代基准值(通常为标准值或计划值),据以测定各因素对分析指标的影响。

(二)差额分析法

差额分析法是连环替代法的一种简化形式,它是利用各因素的比较值与基准值之间的差额,计算各因素对分析指标的影响。

【例10-3】某酒店餐饮部5月份某菜品原材料实际耗用33 280元,计划数为30 000元,具体情况如表10-6所示。

表10-6 某酒店餐饮部5月份某菜品原材料耗用分析表

项 目	单 位	计 划 数	实 际 数
菜品销售量	份	3 000	3 200
单位菜品原材料消耗量	克	250	200
原材料单价	元/250克	10	13
原材料耗用量	元	30 000	33 280

根据上表数据,该原材料实际耗用总额比计划增加了3 280元。

运用连环替代法:

$$计划耗用额 = 3\,000 \times 250 \times 10/250 = 30\,000(元)$$

其中,因菜品销售量增加产生的影响:

$$3\,200 \times 250 \times 10/250 = 32\,000(元)$$
$$32\,000 - 30\,000 = 2\,000(元)$$

由于单位原材料消耗量减少的影响:

$$3\,200 \times 200 \times 10/250 = 25\,600(元)$$
$$25\,600 - 32\,000 = -6\,400(元)$$

由于原材料单价增加的影响:

$$3\,200 \times 200 \times 13/250 = 33\,280(元)$$
$$33\,280 - 25\,600 = 7\,680(元)$$

三个因素共同影响:

2 000－6 400＋7 680＝3 280(元)

综合以上结果来看,该酒店餐饮部5月份原材料耗用费用增加了3 280元的主要原因是由于菜品销售量增加使原材料耗用增加了2 000元,单位原材料消耗量减少使原材料耗用减少6 400元,原材料单价增加使原材料耗用增加了7 680元。该餐饮部应查明单位原材料消耗量减少原因,防止菜品质量下降;同时要审查材料采购进价上涨原因,分析未来能够避开材料涨价的因素。

五、综合分析法

为全面掌握企业的真实财务状况,在实际工作中,常常并非对单一指标进行分析和比较,而是对各种财务指标进行系统、综合的分析。常用的综合分析方法有很多。这里简单介绍杜邦分析法。

杜邦分析法是利用各主要财务比率之间的内在联系,据以建立财务比率分析的综合模型来综合分析和评价企业财务状况和经营成果的方法。其最显著的特点是将若干个用以评价企业经营效率和财务状况的财务指标按其内在联系有机结合起来,形成一个完整的指标体系,并最终通过净资产收益率来反映,从而揭示企业获利能力及其影响原因。杜邦分析法的指标间关系如下。

(一)分解净资产收益率

$$净资产收益率=\frac{净利润}{净资产}=\frac{净利润}{资产总额}\times\frac{资产总额}{净资产}=总资产报酬率\times权益乘数$$

由此可见,提高净资产收益率有两个途径:第一,在资产结构一定的条件下提高资产报酬率;第二,在资产报酬率大于负债利息率的情况下增大权益乘数,但这样做同时会增加企业的财务风险。

(二)分解总资产报酬率

$$总资产报酬率=\frac{净利润}{资产总额}=\frac{净利润}{销售收入}\times\frac{销售收入}{资产总额}=销售净利率\times总资产周转率$$

通过上述指标分解可得出如图10-1所示的分解体系:

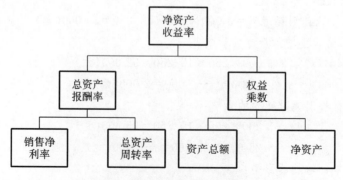

图10-1　净资产收益率分解体系

通过分解将净资产收益率这一综合指标分解成三个因素的乘积,更加方便对净资产收益率这一综合指标变动原因进行更具体、更细化的分析。同时在进行具体分析时,还可以进一步对销售净利率、总资产周转率、权益乘数这三个指标进行分解,以便进一步分析影响企业净资产收益率的具体原因,进行正确的决策。

【例10-4】根据表10-1和表10-2中数据,J饭店财务指标计算如下:

1. 净资产收益率

  2018年净资产收益率=59 985 032.67/997 098 685.72×100%=6.02%

  2019年净资产收益率=69 412 738.94/1 116 961 686.89×100%=6.21%

2. 权益乘数

  2018年权益乘数=1 183 940 941.56/997 098 685.72=1.19

  2019年权益乘数=1 286 832 903.84/1 116 961 686.89=1.15

3. 总资产报酬率

  2018年总资产报酬率=59 985 032.67/1 183 940 941.56×100%=5.07%

  2019年总资产报酬率=69 412 738.94/1 286 832 903.84×100%=5.39%

4. 销售净利率

  2018年销售净利率=59 985 032.67/409 232 545.34×100%=14.66%

  2019年销售净利率=69 412 738.94/421 886 725.14×100%=16.45%

5. 总资产周转率

  2018年总资产周转率=409 232 545.34/1 183 940 941.56=0.345 7(次)

  2019年总资产周转率=421 886 725.14/1 286 832 903.84=0.327 8(次)

由以上数据可以得出以下结论:

(1)J饭店2018年净资产收益率是6.02%,2019年净资产收益率是6.21%,2019年比2018年增加了0.19%。净资产收益率反映企业净资产获取利润的能力,它等于总资产报酬率与权益乘数的乘积。利用因素分析法可进行以下分析:

  总资产报酬率变化影响=(5.39%-5.07%)×1.19×100%=0.38%

  权益乘数变化影响=5.39%×(1.15-1.19)×100%=-0.22%

因此,该企业净资产收益率的上升是由总资产报酬率和权益乘数两个原因共同影响的结果。其中,总资产报酬率2019年比2018年上升,使得净资产收益率上升了0.38%;权益乘数2019年比2018年下降,使得净资产收益率下降了0.22%,同时企业的财务风险也有所降低。J饭店净资产收益率上升主要是总资产报酬率上升引起的,可以进一步分析。

(2)总资产报酬率等于销售净利率和总资产周转率的乘积。J饭店总资产报酬率2018年为5.07%,2019年为5.39%,上升0.32%。总资产报酬率反映企业总资产的获利能力,利用因素分析法可进行以下分析:

  销售净利率变化影响=(16.45%-14.66%)×0.345 7×100%=0.62%

  总资产周转率变化影响=16.45%×(0.327 8-0.345 7)×100%=-0.29%

因此,该企业总资产报酬率的上升是由销售净利率和总资产周转率两个原因共同影响的结果。其中,销售净利率2019年比2018年上升,使得总资产报酬率上升0.62%;总资产周转率2019年比2018年下降,使得总资产报酬率下降了0.29%,可以进一步分析。

(3)销售净利率反映企业净利润与营业收入的关系。企业营业收入与净利润的高低直接影响销售净利率水平。J饭店销售净利率2018年为14.66%,2019年为16.45%,上升了1.79个百分点。综合分析2018年、2019年的营业收入与净利润可以发现,J饭店营业收入2019年比2018年增加了12 654 179.80元,即提高了3.09%,而净利润2019年比2018年增加了9 427 706.27元,即提高了15.72%。说明企业净利润增长的幅度远远超过了营业收入增长的幅度,企业营业成本控制良好,获利能力上升。

(4)总资产周转率揭示企业总资产的营运能力,总资产周转率越高说明企业总资产实现销售收入的能力越强,资产利用效率越高。酒店业由于固定成本投入较高,其总资产周转率普遍较低。J饭店2019年总资产周转率比2018年略有下降,主要原因在于其资产总额2019年比2018年增加了102 891 962.28元,即提高了8.69%,而营业收入则只提高了3.09%,总资产增长速度超过了营业收入增长速度,使总资产周转率下降。

综上所述,利用杜邦体系提供的综合信息,较好地解释了企业各指标变动的原因和趋势,为进一步采取具体措施,提高企业经济效益指明了方向。但在具体运用杜邦体系时必须注意,杜邦分析体系的作用是揭示指标变动的原因及趋势。因此在分析时至少要利用2年的资料进行分析。为了更好地与同行业进行比较,在分析时还可以采用同行业平均指标进行分析。杜邦分析体系在运用时不是让企业另外建立新的财务分析指标体系,而是对财务指标分解的一种方法,关键不在于指标的计算,而在于如何利用计算结果进行分析和解决问题。

第三节 财务分析的内容

在企业财务报表中有大量数据,可以组成涉及企业经营管理各个方面的许多财务指标,将这些财务指标进行对比分析,可以更深入地了解企业的运营状况。

一、偿债能力

(一)短期偿债能力

短期偿债能力是指企业用其流动资产偿还流动负债的能力。企业能否及时偿付到期的流动负债,是反映企业财务状况好坏的主要标志。反映企业短期偿债能力的财务指标主要有营运资金、流动比率、速动比率和现金比率四项,其数据来自企业的资产负债表。

1. 营运资金

短期债务由于使用时间短,需要企业有充足的流动资金保证按时偿还,一个企业流动资金越多,其短期偿债能力就越强。如果企业流动资产偿还了全部流动负债后还有剩余,即为营运资金,其计算公式为:

营运资金=流动资产-流动负债

营运资金反映了企业流动资产偿还流动负债后的余额。营运资金越多,企业的偿债能力越强,债权人收回债权的安全性就越高。分析企业营运资金状况,一般是进行比较分析,即比较不同时期企业的营运资金变化情况。

值得注意的是,企业的营运资金保持多少才是合理的。目前还没有一个统一的标准,不同行业、不同企业的营运资金规模有很大的差别,因此在实务中很少使用营运资金单独作为偿债能力的指标。J饭店营运资金增减变化情况如表10-7所示。

表10-7　J饭店营运资金增减变化情况表

单位:元

项　　目	2018年年末	2019年年末	差　　额
流动资产	569 338 965.12	600 242 732.76	30 903 767.64
流动负债	186 842 255.84	169 871 216.95	−16 971 038.89
营运资金	382 496 709.28	430 371 515.81	47 874 806.53

2. 流动比率

流动比率是流动资产和流动负债之间的比率,它表示每元流动负债有多少流动资产作为还款的保障,它是衡量企业短期偿债能力的首要指标。其计算公式为:

$$流动比率 = 流动资产 / 流动负债$$

流动比率是相对数,排除了企业规模不同的影响,更适合同行业比较以及本企业不同历史时期的比较,因此被广泛使用。一般认为该指标越大,表明公司短期偿债能力越强,公司的财务风险越小。但该指标不是越大越好,对于公司来说,过高的流动比率不仅意味着企业丧失了机会收益,还会影响资金的使用效率和企业的获利能力。一般认为,流动比率维持在2比较适宜,然而随着现代企业经营方式和金融环境的变化,流动比率有下降的趋势,许多成功企业的流动比率都低于2。

分析流动比率一般可以从两方面进行:一是将本企业历史各期流动比率进行比较,发现其中存在的问题,判断企业短期偿债能力的变化趋势;二是与同行业平均流动比率进行比较,判断本企业流动比率是否赶上或超过行业的平均水平。此外,值得注意的是,流动比率假设全部流动资产都可以变为现金并用于偿债,全部流动负债都需要还清。但实际上有些流动资产的账面金额与变现金额有较大差异,如库存商品等;经营性流动资产是企业持续经营所必需的,不能全部用于偿债;经营性应付项目可以滚动存续,也无需动用现金全部还清。因此,流动比率是对短期偿债能力的粗略估计。

【例10-5】根据表10-1相关财务报表计算J饭店流动比率如下:

2018年J饭店的流动比率 = 569 338 965.12/186 842 255.84 = 3.05

2019年J饭店的流动比率 = 600 242 732.76/169 871 216.95 = 3.53

由计算结果可以看出,J饭店的流动比率较高,企业的短期偿债能力较好,同时2019年比2018年还有进一步的提高。但过高的流动比率可能也意味着企业的流动资产利用效率较低,需要结合行业平均水平和企业的实际情况进一步分析。

3. 速动比率

构成流动资产的各项目的流动性差别很大,其中,货币资金、交易性金融资产和各种应收款项等,可以在较短时间内变现,称为速动资产;另外的流动资产,包括存货、预付账款、1年内到期的非流动资产等,称为非速动资产。由于非速动资产的变现金额和时间具有较大的不确定性,因此,将可偿债资产定义为速动资产,计算短期偿债能力更可信。速动资产和

流动负债之间的比值,称为速动比率。其计算公式为:

速动资产＝流动资产－存货－预付账款－1年内到期的非流动资产等

速动比率＝速动资产/流动负债

通常,由于速动资产的变现能力较强,正常速动比率一般为1,即在无需动用存货的条件下,也能保证对流动负债有足够的偿还能力。如果速动比率小于1,则表明企业必须变卖部分存货才能偿还短期负债,对于短期债权人来说,速动比率越高越好。但是,过高的速动比率表明企业有大量的货币性资金,这可能会使企业失去一些有利的投资和获利机会。

【例10-6】根据表10-1相关财务报表计算J饭店速动比率,计算如下:

2018年J饭店速动资产＝569 338 965.12－36 215 470.19－11 240 688.64

＝521 882 806.29

2018年J饭店速动比率＝521 882 806.29/186 842 255.84＝2.79

2019年J饭店速动资产＝600 242 732.76－56 376 956.42－28 888 203.50

＝514 977 572.84

2019年J饭店速动比率＝514 977 572.84/169 871 216.95＝3.03

从计算结果来看,J饭店2018年和2019年的速动比率都较高,短期偿债能力较强,但过高的速动比率表明企业有大量的货币性资金,这可能会使企业失去一些有利的投资和获利机会,需要结合行业平均水平和企业的实际情况进一步分析。

4. 现金比率

在速动资产中,流动性最强、可直接用于偿债的资产称为现金资产。现金资产包括货币资金、交易性金融资产等,是可以直接偿债的资产,流动性最强。现金资产与流动负债的比值称为现金比率,它反映企业直接偿付流动负债的能力,表明在最坏情况下企业的短期偿债能力。其计算公式如下:

现金比率＝现金资产/流动负债

＝(货币资金＋交易性金融资产)/流动负债

现金比率是最严格、最稳健的衡量企业短期偿债能力的指标,它反映了企业的随时偿债能力。现金比率过低,表明企业当前一些要偿付的款项存在一定的困难;现金比率过高,则表明企业拥有较多的可以立即用于支付债务的现金资产。但是,过高的现金比率从另一个侧面表示企业通过负债筹集资金的方式没有得到充分的利用,使企业失去了投资获利的机会。一般认为,该项比率应保持在20%以上为宜。

【例10-7】根据表10-1相关财务报表计算J饭店现金比率如下:

2018年J饭店现金比率＝500 902 864.09/186 842 255.84＝2.68

2019年J饭店现金比率＝495 539 862.58/169 871 216.95＝2.92

计算结果表明,J饭店短期偿债能力较强,但是其货币资金占有量过高,这会影响企业获取机会利益,从而影响企业的获利能力。

除上述各项比率中涉及的有关因素之外,企业还存在很多影响短期偿债能力的因素,包括:企业可以动用的银行贷款指标,准备很快变现的非流动资产,偿债能力的声誉,与担保有关的或有负债、经营租赁合同中的承诺付款等。对于这些因素,在进行短期偿债能力分析时也应结合企业实际情况进行分析。

(二)长期偿债能力

企业的长期偿债能力是指企业偿还长期债务的能力,这些长期债务通常包括长期借款、应付债券、长期应付款等。长期偿债能力分析主要是通过分析以企业资产负债表为主的报表中有关数据,分析权益与资产之间的关系,以及不同权益之间的内在关系,进而计算出一系列财务比率。这些财务比率包括:资产负债率、产权比率、已获利息倍数等。

1. 资产负债率

资产负债率是企业负债总额与资产总额的比率,它表明企业资产总额中,债权人提供资金所占的比重,以及企业资产对债权人权益的保障程度。其计算公式如下:

$$资产负债率=\frac{负债总额}{资产总额}\times100\%$$

资产负债率从不同的角度,有不同的判断标准:对于债权人来说,认为此指标越低越好。因为该指标越低,表明债权人投入资本的安全性越高;对于所有者来说,在企业的投资收益高于借款利息时,认为该指标越高越好,因为此时该指标越高,表明企业越能获得更多的利益,而在企业经营不景气时,则相反;对于企业经营者来说,该指标高低取决于经营者对企业经营前景的信心和对风险所持有的态度,一个保守的经营者可能认为该指标低一点好,而冒险型的经营者则会提高该指标。国际上一般认为企业的资产负债率应不高于60%,但究竟多少才合适,应该根据企业的环境、经营状况和盈利能力等来评价。

【例10-8】根据表10-1相关财务报表,J饭店资产负债率计算如下:

2018年J饭店资产负债率=186 842 255.84/1 183 940 941.56×100%=15.78%

2019年J饭店资产负债率=169 871 216.95/1 286 832 903.84×100%=13.20%

由以上计算结果可知,J饭店2018年和2019年的资产负债率维持在一个较低的水平,企业长期偿债能力较好。但是其资产负债率远低于一般水平,说明企业对财务杠杆的利用率较低,经营策略比较保守。

2. 产权比率

产权比率是指企业的负债总额与所有者权益总额之间的比率,它反映了投资者对债权人的保障程度。其计算公式为:

$$产权比率=\frac{负债总额}{所有者权益总额}\times100\%$$

产权比率表明每1元股东权益借入的债务额,一般认为该比率为100%最为理想。该指标越低,表明企业的长期偿债能力越强,债权人风险越小,债权人越愿意为企业增加借款;该指标越高,表明企业的长期偿债能力越弱,债权人承担的风险越大。根据经验标准,该指标若达到200%以上,表明企业的各种财务杠杆的利用已经健全,企业的财务风险较高;若该指标达到500%以上,表明企业过度使用财务杠杆,出现资金周转不灵的状况,应及时进行整顿;若达到1 000%以上,则表明企业已经达到濒临破产的边缘。

【例10-9】根据表10-1相关财务报表,J饭店产权比率计算如下:

2018年J饭店产权比率=186 842 255.84/997 098 685.72×100%=18.74%

2019年J饭店产权比率=169 871 216.95/1 116 961 686.89×100%=15.21%

从计算结果来看,J饭店的产权比率过低,企业的财务政策过于保守,没有有效利用财务杠杆,会降低企业的资产使用效率。

3. 已获利息倍数

已获利息倍数是指企业经营业务收益与利息费用之间的比率,又称利息保障倍数,该指标主要用于衡量企业偿付借款利息的能力。其计算公式为:

$$已获利息倍数 = \frac{息税前利润}{利息费用} = \frac{利息费用 + 利润总额}{利息费用}$$

由于目前我国的利润表中的"利息费用"没有单列,所以用"财务费用"来估计。一般来说,已获利息倍数指标越高,表明企业支付利息费用的能力越强,企业对到期债务偿还的保障程度也就越高。从长期来看,该指标一般要大于1;如果该指标过低,则表明企业将面临亏损,偿债的安全性和稳定性将面临下降的风险。

除上述各项比率中涉及的有关因素之外,企业还存在其他影响长期偿债能力的表外因素,包括:旅游企业常有的长期租赁业务、对外担保责任、可能存在的未决诉讼或有负债等。因此,在进行长期偿债能力分析时,也应考虑这些因素的潜在影响。

二、营运能力

营运能力是指企业对其有限资源的配置和利用能力,从价值的角度看,就是企业资金利用效果。一般情况下,企业管理人员的经营管理能力,以及对资源的配置能力都有可能通过相关的财务指标反映出来。这些财务指标包括:流动资产周转率、营运资金周转率、存货周转率、应收账款周转率、总资产周转率等。

(一)流动资产周转率

流动资产周转率是指企业在一定时期内销售收入净额与流动资产平均占用额之间的比率关系,反映流动资产在一定时期内的周转速度和营运能力。在其他条件不变的情况下,如果流动资金周转速度快,说明企业经营管理水平高,该指标通常用流动资产周转次数或周转天数表示。资源利用效率高,流动资产所带来的经济效益就高。其计算公式为:

流动资产周转率(次数)=销售收入净额/流动资产平均占用额

流动资产周转率(天数)=计算期天数/流动资产周转次数

上式中的流动资产周转率通常以销售收入净额表示,计算期天数通常按年计算。

流动资产平均占用额=(期初流动资产余额+期末流动资产余额)/2

流动资产周转率是评价企业流动资金周转状况和营运能力的一个综合性指标。此外,我们还可以利用流动资产占用额与流动资产周转率之间相互制约的密切关系,进一步通过企业流动资金周转状况分析流动资产的节约或浪费情况。其计算公式如下(正数表示浪费,负数表示节约):

流动资产的节约或浪费额=本期流动资产实际周转额×(本期流动资产实际占用率
－上期流动资产实际占用率)

式中: 流动资产实际占用率=1/流动资产周转率(次数)

从上式可以看出,在销售额既定的条件下,周转速度越快,投资于流动资产的资金就越少;反之,投资于流动资产的资金就越多。

【例10-10】根据表10-1相关财务报表计算J饭店流动资产周转率如下:

2019年流动资产平均占用额＝(600 242 732.76＋569 338 965.12)/2＝584 790 848.94

2019年流动资产周转率(次数)＝421 886 725.14/584 790 848.94＝0.72(次)

2019年流动资产周转率(天数)＝360/0.72＝500(天)

(二)营运资金周转率

营运资金周转率是企业一定时期的销售收入净额与平均营运资金的比率,反映企业营运资金的运用效率。营运资金周转率越高,说明营运资金利用效果越好。其计算公式为：

营运资金周转率(次数)＝销售收入净额/平均营运资金

营运资金周转率(天数)＝计算期天数/营运资金周转次数

式中：　　　　平均营运资金＝(期初营运资金＋期末营运资金)/2

营运资金周转率要受到应收账款水平和流动负债水平的影响,应收账款的增加会使营运资金周转率(次数)降低,反之,会使营运资金周转率提高；在流动资产不变的条件下,流动负债增加会使营运资金减少,从而使营运资金周转率升高。由此可见,营运资金周转率可以通过财务运作来实现预期目标。

【例10-11】根据表10-1相关财务报表计算J饭店营运资金周转率如下：

2019年平均营运资金＝(600 242 732.76－169 871 216.95＋569 338 965.12－186 842 255.84)/2
　　　　　　　＝406 434 112.545(元)

2019年营运资金周转率(次数)＝421 886 725.14/406 434 112.545＝1.04(次)

2019年营运资金周转率(天数)＝360/1.04＝346.15(天)

(三)存货周转率

存货周转率是指企业一定时期内的销售成本与同期的平均存货余额之间的比率。其计算公式为：

存货周转率(次数)＝销售成本/平均存货余额

存货周转率(天数)＝计算期天数/存货周转次数

式中：　　　　平均存货余额＝(期初存货＋期末存货)/2

存货周转率是从存货变现速度的角度来评价企业的销售能力及存货适量程度的。存货周转次数越多,反映存货变现速度越快,说明企业销售能力越强,营运资金占压在存货上的量越小；反之,存货周转次数越少,反映企业存货变现速度越慢,说明企业销售能力越弱,营运资金沉淀于存货的量越大。

【例10-12】根据表10-1相关财务报表计算J饭店存货周转率如下：

2019年平均存货余额＝(56 376 956.42＋36 215 470.19)/2＝46 296 213.305(元)

2019年存货周转率(次数)＝199 242 069.09/46 296 213.305＝4.30(次)

2019年存货周转率(天数)＝360/4.30＝83.72(天)

(四)应收账款周转率

应收账款周转率是指企业在一定时期的赊销净额与平均应收账款余额之间的比率。其计算公式为：

应收账款周转率(次数)＝赊销净额/平均应收账款余额

应收账款周转率(天数)＝计算期天数/应收账款周转次数

上式中,赊销净额是指与应收账款余额相对应的赊销商品净额。

$$赊销净额=赊销总额-销售退回与折扣$$

$$平均应收账款余额=(期初应收账款余额+期末应收账款余额)/2$$

应收账款周转率是评价企业应收账款的变现能力和管理效率的指标。应收账款周转次数越多,说明企业组织收回应收账款的速度越快,造成坏账损失的风险越小,流动资产的流动性越好,短期偿债能力越强;反之,应收账款周转次数越少,说明企业组织收回应收账款的速度越慢,造成坏账损失的风险越大,流动资产的流动性越差,短期偿债能力越弱。

(五)总资产周转率

总资产周转率是企业一定时期的销售收入净额与平均资产总额的比率。其计算公式为:

$$总资产周转率(次数)=销售收入净额/平均资产总额$$

$$总资产周转率(天数)=计算期天数/总资产周转次数$$

式中:　　　　平均资产总额=(期初资产总额+期末资产总额)/2

【例10-13】根据表10-1相关财务报表计算J饭店总资产周转率如下:

2019年平均资产总额=(1 286 832 903.84+1 183 940 941.56)/2=1 235 386 922.7(元)

2019年总资产周转率(次数)=421 886 725.14/1 235 386 922.7=0.34(次)

2019年总资产周转率(天数)=360/0.34=1058.82(天)

三、盈利能力

盈利能力是一个企业在一定时期内获取利润的能力,是企业经营的主要目标,对企业的生存和发展具有重要意义。从企业角度讲,盈利能力可以采用两种方法评价:一是利润和销售收入的比率关系;二是利润和资产的比率关系。影响一个企业盈利能力大小的因素主要包括企业的经营能力、成本水平和财务状况及风险。在企业的资产每次周转的盈利水平一定的情况下,资产周转次数越多,企业越能获得更多的利润;在企业经营能力一定的情况下,企业成本水平越低,获利空间就越大;企业财务状况稳定性取决于资本结构,当长期资本收益率高于长期负债利息率时,自有资本利润率会随负债率的增加而增加,因此增强企业的盈利能力要尽可能减少资本占用,又要妥善安排资本结构。反映旅游企业盈利能力的指标有销售毛利率、销售利润率、销售净利率、资产净利率和权益净利率等。

(一)销售毛利率

销售毛利率是指销售毛利额与销售净收入之间的比率,其毛利额是指销售收入和销售成本之间的差额。其计算公式为:

$$销售毛利率=\frac{销售净收入-产品成本}{销售净收入}\times 100\%$$

销售毛利率表示每百元销售收入扣除销售成本后,还有多少钱可用于抵消各项期间费用后盈利,它是企业销售净利率的基础。一个企业没有足够大的销售毛利率便不可能盈利。

【例10-14】根据相关财务报表,J饭店销售毛利率计算如下:

$$2018年销售毛利率=\frac{409\ 232\ 545.34-202\ 233\ 094.46}{409\ 232\ 545.34}\times 100\%=50.58\%$$

$$2019\text{年销售毛利率} = \frac{421\,886\,725.14 - 199\,242\,069.09}{421\,886\,725.14} \times 100\% = 52.77\%$$

根据以上计算结果可知,J饭店销售毛利率2019年比2018年增长了2.19个百分点。其主要原因在于企业销售额有所增加,而销售成本有所下降。值得注意的是,企业毛利水平没有一个固定的标准,一般要和行业平均水平或先进水平进行比较,并分析差距及其产生的原因。

(二)销售利润率

销售利润率是指企业一定时期内利润总额同主营业务收入的比率,表明每百元的主营业务收入能给企业带来多少利润。该指标越高,说明企业销售的盈利能力越强。其计算公式如下:

$$\text{销售利润率} = \frac{\text{利润总额}}{\text{主营业务收入}} \times 100\%$$

【例10-15】根据相关财务报表,J饭店销售利润率计算如下:
2018年J饭店销售利润率=88 520 266.48/409 232 545.34×100%=21.63%
2019年J饭店销售利润率=92 764 368.48/421 886 725.14×100%=21.99%

(三)销售净利率

销售净利率是指企业净利润与主营业务收入的比率,它反映每百元的主营业务收入能给企业带来多少净利润。该指标表示企业主营业务收入的收益水平的高低,促使企业在扩大销售的同时,注意改进经营管理水平,提高实际盈利能力。其计算公式如下:

$$\text{销售净利率} = \frac{\text{净利润}}{\text{主营业务收入}} \times 100\%$$

【例10-16】根据相关财务报表计算J饭店销售净利率如下:
2018年J饭店销售净利率=59 985 032.67/409 232 545.34×100%=14.66%
2019年J饭店销售净利率=69 412 738.94/421 886 725.14×100%=16.45%

(四)资产净利率

资产净利率是指企业净利润与平均资产总额之间的比率,它反映企业资产利用的综合效果,该指标越高,表明企业资产利用的效果越好,利用资产创造的利润越高,整个企业的盈利能力就越强。其计算公式如下:

$$\text{资产净利率} = \frac{\text{净利润}}{\text{平均资产总额}} \times 100\%$$

【例10-17】根据相关财务报表计算J饭店资产净利率如下:
2019年平均资产总额=(1 286 832 903.84+1 183 940 941.56)/2=1 235 386 922.70(元)
2019年J饭店资产净利率=69 412 738.94/1 235 386 922.70×100%=5.62%

(五)权益净利率

权益净利率是企业净利润与平均所有者权益总额的比率,又叫净资产收益率,它反映所有者权益所获报酬的水平。权益净利率指标是从所有者权益的角度考虑企业盈利能力,其比值越高越好。企业权益净利率是否令人满意,要看同行业的年均水平、经济景气状况、投资者忍受的风险程度和预期的收益率等因素。其计算公式为:

$$权益净利率 = \frac{净利润}{平均所有者权益总额} \times 100\%$$

【例10-18】根据相关财务报表计算J饭店权益净利率如下：

2019年平均权益总额＝(1 116 961 686.89＋997 098 685.72)/2＝1 057 030 186.31(元)

2019年J饭店权益净利率＝69 412 738.94/1 057 030 186.31×100％＝6.57％

四、发展能力

分项财务分析只是从某个侧面(如偿债能力、营运能力和盈利能力)反映企业的财务状况、经营成果，因而有其局限性。例如，偿债能力强的企业并不意味着其营运能力和盈利能力也强；再如，偿债能力、营运能力和盈利能力的变化方向并不总是一致的。因此，在分项财务分析的基础上进行综合财务分析，了解和掌握企业的全面情况是十分重要的。而发展能力更能综合性地反映企业的成长性，该部分以发展能力分析为主。

发展能力也称为成长能力，是指企业在从事经营活动过程中所表现出来的增长能力，如规模的扩大、盈利的持续增长、市场竞争力的增强等。反映企业发展能力的主要财务比率有销售增长率、资产增长率、股权资本增长率、利润增长率等。

1. 销售增长率

销售增长率是企业本年营业收入增长额与上年营业收入总额的比率。其计算公式为：

$$销售增长率 = \frac{本年营业收入增长额}{上年营业收入总额} \times 100\%$$

式中的本年营业收入增长额是指本年营业收入总额与上年营业收入总额的差额。销售增长率反映了企业营业收入的变化情况，是评价企业成长性和市场竞争力的重要指标。该比率大于零，表示企业本年营业收入增加；反之，表示营业收入减少。该比率越高，说明企业的成长性越好，企业的发展能力越强。根据表10-2的有关数据，J饭店2019年的销售增长率为：

$$销售增长率 = \frac{(421\ 886\ 725.14 - 409\ 232\ 545.34)}{409\ 232\ 545.34} \times 100\% = 3.09\%$$

2. 资产增长率

资产增长率是企业本年总资产增长额与年初资产总额的比率。该比率反映了企业本年度资产规模的增长情况。其计算公式为：

$$资产增长率 = \frac{本年总资产增长额}{年初资产总额} \times 100\%$$

式中的本年总资产增长额是指本年资产年末余额与年初余额的差额。资产增长率是从企业资产规模扩张方面来衡量企业发展能力的。企业资产总量对企业的发展具有重要的影响，一般来说，资产增长率越高，说明企业资产规模增长的速度越快，企业的竞争力越强。但是，在分析企业资产数量增长的同时，也要注意分析企业资产的质量变化。根据表10-1的有关数据，J饭店2019年的资产增长率为：

$$资产增长率 = \frac{1\ 286\ 832\ 903.84 - 1\ 183\ 940\ 941.56}{1\ 183\ 940\ 941.56} \times 100\% = 8.69\%$$

3. 股权资本增长率

股权资本增长率,也称净资产增长率或资本积累率,是指企业本年股东权益增长额与年初股东权益总额的比率。其计算公式为:

$$股权资本增长率 = \frac{本年股东权益增长额}{年初股东权益总额} \times 100\%$$

式中的本年股东权益增长额是指本年股东权益年末余额与年初余额的差额。股权资本增长率反映了企业当年股东权益的变化水平,体现了企业资本的积累能力,是评价企业发展潜力的重要财务指标。该比率越高,说明企业资本积累能力越强,企业的发展能力也越好。根据表10-1的有关数据,J饭店2019年的股权资本增长率为:

$$股权资本增长率 = \frac{(1\,116\,961\,686.89 - 997\,098\,685.72)}{997\,098\,685.72} \times 100\% = 12.02\%$$

在企业不依靠外部筹资,仅通过自身的盈利积累实现增长的情况下,股东权益增长额仅来源于企业的留用利润,这种情况下的股权资本增长率称为可持续增长率。可持续增长率可以看作企业的内生性成长能力,它主要取决于两个因素:股东权益报酬率和留存比率。其计算公式为:

$$可持续增长率 = \frac{净利润 \times 留存比率}{年初股东权益总额} \times 100\%$$

$$= 股东权益报酬率 \times 留存比率$$

$$= 股东权益报酬率 \times (1 - 股利支付率)$$

需要说明的是,式中的股东权益报酬率不是用全年平均股东权益总额,而是用期初股东权益总额计算的。

4. 利润增长率

利润增长率是指企业本年利润总额增长额与上年利润总额的比率。其计算公式为:

$$利润增长率 = \frac{本年利润总额增长额}{上年利润总额} \times 100\%$$

式中的本年利润总额增长额是指本年利润总额与上年利润总额的差额。利润增长率反映了企业盈利能力的变化,该比率越高,说明企业的成长性越好,发展能力越强。根据表10-2的有关数据,J饭店2019年的利润增长率为:

$$利润增长率 = \frac{(92\,764\,368.48 - 88\,520\,266.48)}{88\,520\,266.48} \times 100\% = 4.79\%$$

分析者也可以根据分析的目的,计算净利润增长率,其计算方法与利润增长率相同,只需将上式中的利润总额换为净利润即可。根据表10-2的有关数据,J饭店2019年的净利润增长率为:

$$净利润增长率 = \frac{(69\,412\,738.94 - 59\,985\,032.67)}{59\,985\,032.67} \times 100\% = 15.72\%$$

上述四项财务比率分别从不同的角度反映了企业的发展能力。需要说明的是分析企业的发展能力时,仅用一年的财务比率是不能正确评价企业的发展能力的,需要计算连续若干年的财务比率,才能正确评价企业发展能力的持续性。

五、酒店业内部指标

除以上旅游企业通用的财务比率之外，酒店业还有一些反映内部管理状况的指标，可以帮助酒店管理者了解内部管理的状况，并对相应环节实施有效的监管和控制，是酒店管理中的重要经济指标。

（一）销售组合比率

在酒店中，存在客房、餐饮、商务等多种服务产品，其所创造的收益也不同，按照各自营业收入占合计收入的比率，可以了解各项产品收入占整个酒店收入的比重，从而更加合理配置资源。

（二）餐饮部管理指标

1. 食品、饮料成本率

本指标可以用来判定食品、饮料成本是否合理。食品、饮料成本率较低可能表示销售的产品质量低于期望质量，或者表示售出的分量少于标准食谱所规定的标准；反之数值较高可能是由于对售出的分量没有进行良好的控制，或是有偷窃、浪费或食品腐烂等情况。相关计算公式如下：

$$食品成本率 = 售出食品的成本 / 食品销售额$$
$$饮料成本率 = 售出饮料的成本 / 饮料销售额$$

2. 餐饮消费额

本指标是衡量餐饮销售能力的指标，可以有两种表达形式，其计算公式分别为：

$$平均每桌消费能力 = 总餐饮收入 / 翻台数$$
$$人均消费能力 = 总餐饮收入（食品收入或饮料收入）/ 消费人数$$

（三）客房部管理指标

1. 客房出租率

这是衡量酒店业绩的主要指标之一。由于客房收入是酒店收入中比重最大的一部分，所以要对此项指标特别关注。国际惯例是客房出租率达到 65%～70% 即可保本，在此基础上要大力增加出租率。当然也不能过高，因为过高的出租率会引发一系列问题，包括客房设备设施过度损耗，服务质量下降等，不利于酒店的长期健康发展。其计算公式如下：

$$客房出租率 = 已出租客房数 / 可供出租客房数 \times 100\%$$

2. 平均房价

这是客房部的关键比率，通常叫作平均日价或 ADR，反映了酒店的经营质量。ADR 数值比较高意味着客房以比较高的价格出售，反之则说明房价比较低。如果 ADR 长期处于一个比较低的水平，那就要引起经营者的重视，可能暗示着前台预订处或销售部水平有待提高等问题。

$$平均房价 = 客房收入 / 售出的客房数$$

3. 平均每间可供出租客房收入

将客房出租率与 ADR 联合起来叫作 REVPAR（每间可销售房收入 Revenue Per Available Room）。有时单凭出租率无法判断经营好坏，就需要考虑 REVPAR。如 A 酒店出租率为80%,ADR 为40美元,B酒店则是70%出租率和60美元的ADR,经过计算REVPAR,A 为32美元,B 为42美元,反而是出租率较低的B酒店REVPAR较好。其计算公式如下:

$$平均每间可供出租客房收入＝客房收入/可供出租客房数$$

（四）其他费用指标

1. 人工成本率

人工费用包括薪水、工资、奖金、工资税以及附加福利。人工成本率过高说明出现冗员,经营者应密切注意调整；如过低则说明工作人员待遇比较低,要防止出现员工不满的情况。其计算公式如下:

$$人工成本率＝人工成本总额/收入总额×100\%$$

2. 能源成本率

酒店的能源消耗包括电、水、炭、柴油等等,是酒店费用支出中的重要项目,直接影响酒店的利润水平,是酒店成本费用控制的重点。其计算公式如下:

$$能源成本率＝能源消耗额/销售总收入×100\%$$

本章小结

上市公司每年都要向股东公布上一年的年度财务报告,简称年报。财务报告包括财务报表及附注两部分。财务报告概括地反映了一个企业的财务状况、经营成果和现金流量信息,使企业的投资者、债权人、管理者及其他财务报告的使用者对企业的基本情况有一个初步的认识。但这些初步的情况还不足以支持报告的使用者做出是否投资、是否提供信贷、实施哪些管理改进措施等重大的决策。为此,有必要利用专业的分析技术对财务报告提供的信息进一步加工、整理,提炼出更多的适合正确决策的信息,这就需要用专门的技术手段对财务报告进行分析和评价。所谓财务评价,就是在对企业现有财务数据和经营状况了解的基础上,综合运用各种分析方法和技巧,评价企业过去的经营业绩,衡量企业现在的财务状况,预测企业未来的发展趋势,为企业相关利益者正确地进行财务决策提供合理的依据。

旅游企业财务报告的分析方法是多种多样的,在实际工作中要根据分析主体的具体分析目的和资料的实际特征进行合理的选择和确定。一般来说,财务报告分析的方法主要包括比较分析法、趋势分析法、比率分析法、因素分析法和综合分析法。

财务报告分析的财务指标主要是短期偿债能力、长期偿债能力、盈利能力等三大指标。短期偿债能力是指企业用其流动资产偿还流动负债的能力,是反映企业财务状况好坏的主要标志。反映企业短期偿债能力的财务指标主要有营运资金、流动比率、速动比率和现金比率4项,其数据来自企业的资产负债表。企业的长期偿债能力是指企业偿还长期债务的能力,这些长期债务通常包括长期借款、应付债券、长期应付款等。盈利能力是一个企业在一定时期内获取利润的能力,是企业经营的主要目标,对企业的生存和发展具有重要意义。从企业角度讲,盈利能力可以采用两种方法评价：一是利润和销售收入的比率关系；二是利润和资产的比率关系。

通过不同的指标，综合评价旅游企业财务状况，从而对旅游企业建设提出有效建议。

思考与练习

1. 财务评价体系主要指的是什么？
2. 财务报告分为哪几个部分？
3. 财务报告分析有哪几类方法？
4. 主要财务指标有哪些？分别有什么作用？

案例分析

财报里的"悲欣交集"①

这个五一假期，旅游业暖风徐来，身居其中的旅游企业亦在腾挪探索，对它们而言，2020年似乎才刚刚开始。

日前，一些上市旅行社及OTA陆续公布了2019年第四季度及全年财务业绩，对2019年做一个总结和交代，从财报来看，这些上市公司业绩整体呈现出"悲欣交集"的特点。

整体而言，相关旅行社和在线旅游企业，2019年基本面的数据成绩尚可。

其中，最亮眼的是携程，其公布的2019年第四季度及全年财务数据显示，2019年，全年净营业收入为357亿元，同比增加15%；全年总交易额（GMV）达到8 650亿元，同比增长19%；全年经营利润同比增长94%，达到50亿元，高于过去5年的经营利润总和。

2019年，途牛净收入为23亿元，较2018年同期增长1.8%；打包旅游产品收入为19亿元，较2018年同期增长3.1%。不过，盈利问题一直是它的一个痛点。

按合并基准，同程艺龙2019年实现总收入73.93亿元，相较2018年同比增加21.4%，经调整净利润同比增长35.4%，达到15.44亿元。

财报还显示，同程艺龙的收入始终保持着高增长的态势，2019年一至四季度的收入增速持续加快，第一季度收入增速为17.5%，到第四季度增速提高到了24.4%。而同程艺龙的运营利润率和净利润率在行业内也处于领先水平，按合并基准，经调整，税息折旧及摊销前利润率由2018年同期的24.3%上升至27.3%，净利润率由2018年同期的18.7%上升至20.9%。

---

① 沈仲亮.财报里的"悲欣交集"[N].中国旅游报，2020-05-07.

众信旅游全年实现营业收入 126.22 亿元,同比增长 3.70%;实现归属于上市公司股东的净利润 6 861.17 万元,同比增长 191.15%。

需要指出的是,2019 年众信旅游净利润同比增近 2 倍等数据变化的主要原因是:2018 年度众信旅游计提商誉减值损失、长期股权投资减值损失等各项资产减值准备金额 1.14 亿元,而 2019 年度该公司计提的资产减值准备比上期大幅减少。

2019 年,凯撒旅业主控人变更,其发布的 2019 年报显示,公司实现营业收入 60.36 亿元,较上年同期下降 26.21%;实现净利润 1.26 亿元,同比下降 35.28%,归属于上市公司股东的净资产同比增长 7.89%。

思考问题:
1. 旅游企业的财务分析可以从哪些方面进行?
2. 财务报告分析对旅行社和 OTA 的发展有何意义?

课外延展

通过官网找到某一旅游企业的财务报告,通过主要财务指标对其进行分析,总结其财务状况、经营成果等财务情况。

Appendix A

国家旅游局(现文化和旅游部)、财政部颁发《国营旅游企业财务管理若干问题的暂行规定》

(京旅管字[1988]23号)

一、总则

(一)财务管理是旅游企业经济管理的重要组成部分。为了适应我国旅游事业的发展,加强国营旅游企业的财务管理,促使企业加强经济核算,提高经济效益,根据国家现行的财务制度,结合旅游企业的经营特点,特制定本暂行规定。

(二)本暂行规定适用于各级旅游局、中国旅行社及其分社、中国青年旅行社及其分社所属的旅游企业;其他部门所属的旅游企业,经其主管部门和同级财政部同意后,可比照执行。

城镇集体所有制旅游企业经省、自治区、直辖市旅游局和财政厅(局)批准后,可参照本规定执行。

中外合营旅游企业不执行本规定。

二、财务计划管理

(一)财务计划是企业计划的重要组成部分。企业一切经营活动的收入和支出,都必须纳入财务计划,按计划积极组织收入,控制支出,保证资金的正常供应,监督资金的合理使用。

(二)企业财务计划的内容包括:固定资金计划、流动资金计划,成本费用计划、利润和利润分配计划、专用基金计划、借款还款计划、外汇收支计划等。

(三)企业的财务计划分为月度、季度和年度计划三种。年度财务计划,应在计划年度开始前三十天上报主管部门,经主管部门审核汇总后,报同级财政部门审批或备案。

企业的季度和月度财务计划由企业自行编制和考核。

(四)主管部门应对企业的营业收入(旅行社包括营业收入总额和营业收入净额)、利润、资金利润率、外汇收入(旅行社包括收汇总额和收汇净额)和结汇数五项指标进行考核。

(五)企业应将各项计划指标分别落实到各职能部门。企业及其各职能部门必须把各项计划指标作为经济责任制的一项主要内容。

(六)企业在计划执行中,如因特殊原因必须调整年度财务计划时,应向主管部门提出调整计划报告,并经主管部门批准,财政部门备案后,方可按调整计划执行。

(七)企业要按月、季、年度编制会计报表。季、年度会计报表应按时报送主管部门,由主管部门逐级汇总后,报送国家旅游局(现文化和旅游部)及同级财政部门,企业年终决算按规定程序审批。

(八)企业要按月、季、年度检查和分析财务计划的执行情况。在报送季度、年度会计报表的同时,应将季度、年度财务计划执行情况报送主管部门。

主管部门应定期检查企业财务计划的执行情况,并将执行情况随同季度、年度会计报表按时报送同级财政部门及有关单位。

三、固定资金管理

(一)企业拥有的各种劳动资料和消费资料,凡使用年限在一年以上,单位价值在五百元以上的均为固定资产。

有些单位价值虽然低于规定标准,但为企业的主要劳动资料,也应列作固定资产;有些单位价值虽然达到规定标准,但更换频繁,容易损坏的,可以不列作固定资产。

(二)企业的固定资产分为八类:1.房屋及建筑物;2.机器设备;3.交通运输工具;4.家具设备;5.地毯;6.电器及影视设备;7.文体娱乐设备;8.其他设备。

(三)企业新增加固定资产,凡属专控商品、进口设备、基本建设项目以及按规定应当专案报批的项目,无论资金来源如何,都要按国家规定的报批程序报经企业主管部门和其他有关部门批准,其余固定资产的增加由企业自行决定。

(四)企业新增固定资产的价值按照下列规定确定:

1. 新购置的固定资产,以进价加运杂费、安装费、保险费之和为原价。进口设备的原价,还应包括按规定支付的关税和产品税或增值税。

2. 基本建设完工交付使用的固定资产,以建设单位交付使用的财产明细表中所确定的价值为原价。因建筑征用或拨入土地所发生的土地征用费、旧有建筑物拆迁费、青苗补偿费等,也应包括在与土地有关的房屋、建筑物的价值内。

3. 在原有固定资产基础上进行改建、扩建或技术改造完成的固定资产,以原有固定资产原值加上改建、扩建技术改造所发生的全部支出减去改建、扩建或技术改造中发生的变价收入后的净额为原价。

4. 有偿调入的固定资产,以现行调拨价格加上本企业支付的包装费、运杂费和安装费之和为原价。

5. 无偿调入的固定资产,以调出单位的账面原值,减去原来的安装成本,加上本企业的安装成本以后的价值为原价。

6. 自制自建的固定资产,以制造或建设中所发生的实际成本为原价。

7. 其他固定资产的增加,如盘盈的固定资产和接受馈赠的固定资产,以其重置完全价值为原价。

已入账的固定资产,除按规定应予重新估价外,不得任意变动其价值。

(五)企业固定资产的调拨按照下列规定办理:

1. 固定资产的调拨,原则上实行有偿调拨,调拨的固定资产要合理作价。新的固定资产按国家规定的调拨价格作价,旧的固定资产按质论价。

2. 调拨固定资产所发生的运杂费、包装费,由调入单位负担,调出前机器设备的拆卸费用,由调出单位在所得价款中开支。

3. 固定资产有偿调拨给同一主管部门所属企业的,由企业自行决定;有偿调拨给主管部门管辖以外单位的,单项原值不足一万元的,由企业自行决定;在一万元以上的,要报经主管部门批准。

4. 调出固定资产所得价款,全部留给企业用于固定资产的更新改造,不得挪作他用。

5. 固定资产无偿调拨,无论价值大小,均需报经主管部门批准。

(六)企业暂时不使用的固定资产出租给其他单位使用时,向租用单位收取租金。企业出租的固定资产,应照提折旧。所得租金冲减企业管理费中相应的折旧费,余额部分列入更新改造基金。租赁期间的修理费用,由租用单位负担。

(七)企业各类固定资产的使用年限和提取折旧的有关规定,按国家旅游局(现文化和旅游部)、财政部(87)旅财字第003号文颁发的《国营旅游企业固定资产折旧若干规定》执行,企业通过融资租赁方式租入的机器设备,也应按上述规定计提折旧(用计提的折旧基金作为偿还租赁费的资金来源)。

(八)企业固定资产的报废,应由企业技术部门,使用部门和财会部门共同做出鉴定后,填制固定资产报废单,按下列程序报批:

1. 固定资产使用已达到规定年限而需要报废的,由企业自行决定处理;

2. 固定资产使用尚未达到规定年限而需要提前报废,单项原值一万元以上的,报主管部门审批;

3. 十万元以上的,由主管部门会同同级财政部门审批。

报废的固定资产的变价收入,减去清理费用后的余额,列入更新改造基金。

(九)企业清查财产中发现的固定资产盘盈、盘亏及损失,应查明原因,做出报告,按以下审批权限报经批准后处理:

1. 盘盈的固定资产,经企业领导批准后,按盘盈固定资产的重置完全价值入账;

2. 盘亏和损失的固定资产,单项净值在一万元以上,不足十万元的,报主管部门审批,单项净值在十万元以上的,由主管部门会同同级财政部门审批。

(十)企业固定资产依照下列规定进行日常管理:

1. 建立和健全固定资产管理责任制,固定资产管理部门、使用部门和财会部门要分别明确管理责任。各部门使用的固定资产,要有专人负责管理。

2. 建立固定资产明细账和固定资产卡片,及时记录固定资产的使用和变更情况。

3. 完善固定资产增减变动手续,企业内部固定资产的转移,要由管理部门填写财产转移单,办理转移手续,并通知财会部门。固定资产的调拨,统一由财产管理部门会同财会部门报经批准后办理调拨手续,使用部门不得自行处理。

4. 建立定期盘点清查制度,保证账账相符;账卡相符;账物相符。

5. 合理安排使用各项固定资产,提高固定资产利用率。同时,做好固定资产的维修保养工作,提高固定资产完好率。

6. 对于价值难以确定的某些字画、工艺品等贵重物品,应当建立登记卡,加强实物管理。

(十一)企业固定资产修理依照下列规定管理:

1. 固定资产的中、小修理是指范围较小,费用较少,间隔时间较短的经常性修理,固定资产的中、小修理费在当年一次或分次列入成本费用。

2. 固定资产的大修理是指企业的机器设备、车船进行全部拆卸和部分更换主要部件、配件等;房屋、建筑物进行翻修和改善地面、墙壁等工程。大修理费用,在大修理基金中开支。

3. 固定资产大修理工程一般不增加固定资产的价值,但在大修理的同时进行技术改造的,属于用更新改造基金等专用基金、专用拨款和专用借款开支的部分,应当相应增加固定资产价值。

4. 企业进行固定资产更新和技术改造,因资金不足而按照规定使用大修理基金的,也相应增加固定资产价值。

(十二)企业用基建借款中的外币借款购建固定资产的,在还款时,如因人民币与外币的比价发生变动而多付或少付的人民币,应作增减待核销基建支出处理,不得增减有关的固定资产价值。

企业用外币专用借款(如更新改造借款,大修理借款)购建固定资产,在还款时,如因人民币的比价发生变动而多付或少付的人民币,应作增减专项工程支出处理,不得增减有关的固定资产价值。

四、流动资金的管理

(一)企业的流动资金包括:储备资金、商品资金、货币资金、结算资金和待摊费用等。

企业必须严格按照国家规定的使用范围使用流动资金,保证企业各项经济活动的正常进行。不准将流动资金用于基本建设投资,购建固定资产。任何部门和单位都不得以任何名义抽调、挪用企业的流动资金。

(二)企业的定额流动资金包括:

1. 旅行社和车船公司包括储备资金、应收取的旅行团费用和待摊费用。

2. 酒店包括储备资金、商品资金、应收取的旅行团费用和待摊费用。

3. 旅游服务公司包括储备资金、商品资金和待摊费用。

(三)企业的定额流动资金,应根据中国工商银行"关于国营工商企业流动资金管理暂行办法"的规定,按照既要保证企业经营需要,又要节约资金使用,提高资金利用效果的原则,结合企业特点,采用合理的计算方法,由主管部门配合银行核定。

(四)企业的储备资金依照下列规定管理:

1. 储备资金包括原材料、燃料、物料用品、低值易耗品等物资所占用的资金。

2. 凡单位价值在五十元以上,但达不到固定资产标准的各种工具和家具等物品,为低值易耗品。低值易耗品的摊销可以根据不同类别的低值易耗品,采用一次摊销法、五五摊销法或分期摊销法。

3. 建立和健全储备物质的管理制度。加强物资采购、供应的计划性,有效地控制物资的库存储备额,确定合理的资金占用额;健全各类物资的入库验收、登记保管和领退手续;建立定期清查盘点制度,保证账卡、账物相符;对盘盈、盘亏和毁损变质的物资要及时查明原因,分清责任,按照规定的审批权限报经批准后处理。

(五)企业的商品资金依照下列规定管理:

1. 商品资金包括库存商品和在途商品所占用的资金。

2. 商品资金要实行分类管理，制订各类商品资金的供应计划，按计划及时供应进货所需的资金。

3. 要按计划进货，严格审核购货合同，按合同及时付款；供应和采购部门要及时检查在途商品的到达情况。

4. 加强商品储备的管理，严格商品入库验收、调拨手续。明确商品的保管责任，营业柜组要建立实物负责制。要按计划控制商品库存，加速商品资金周转。

5. 加强商品销售的管理，不准赊销商品，及时催收销货款。

6. 建立库存商品定期清查盘点制度，及时处理呆滞积压、残损变质的商品。

（六）企业的货币资金依照下列规定管理：

1. 货币资金包括现金（人民币、外汇券），银行存款，业务周转金和各种有价票券。

2. 企业要遵守国家有关现金管理的规定。现金的库存限额应经开户银行核定，超过库存限额部分必须在规定时间内送存银行。不得坐支现金和以白条抵充库存现金，不得私设小金库，采购人员不得携带大量现金，不准因私事借支公款，不准假造用途套取现金。

企业要严格按照国家外汇管理规定，加强对外汇券的管理。收入的外汇券应及时送存银行，并按期结汇。不准以收抵支，不准擅自扩大外汇券的使用范围，不准私自兑换、逃汇、套汇和变相买卖，严禁利用外汇搞非法交易，牟取暴利。

3. 企业同各单位之间的一切资金往来，除小额零星开支需要用现金结算外，必须通过银行办理转账结算手续。领用支票时必须有批准手续，支票要指定专人保管和签发，开具支票时，应注明收款单位、签发时间和用途，不准签发空白支票和空头支票。支票使用后，要及时向财会部门报销，企业的银行账号不准借给外单位和个人使用。企业的银行存款每月要与银行对账单相互核对，查明未达账项及其原因，及时编制银行存款余额调节表。

企业经批准开设的外币存款户，要按不同的外币分别设账，还要以人民币为记账本位币。

4. 企业拨给营业部门或个人的业务周转金或备用金，应根据不同情况分别核定定额。使用业务周转金或备用金的部门和个人，应定期向财会部门报账，补充定额。财会部门应经常检查业务周转金或备用金的使用情况。业务周转金或备用金停止使用时，应及时收回。

5. 各种有价票券，应视同现金进行管理，由专人负责发售、保管和回收；设置专门账户进行核算，并定期检查、核对，保证账实相符。有价票券一经发出或收回，应及时向财会部门交款和办理结转手续。

6. 企业在现金收付中出现的长短款，应查明原因，明确责任，及时处理。短款一般应由责任者赔偿，长款列作营业外收入。

（七）企业的结算资金依照下列规定管理：

1. 结算资金包括国内外各种应收应付结算款项。

2. 加强结算资金的管理，严格遵守国家规定的结算纪律，执行经济合同和有关协议的总算规定。

3. 对确实无法收回的应收款项，应查明原因和责任，分别处理。由于责任事故造成的坏账损失，应追究有关人员的经济责任，并按情节轻重，责成过失人赔偿部分或全部损失。由过失人赔偿弥补后的净损失以及由于非责任事故所造成的损失，应按以下规定的审批权限报经批准后,作为坏账损失列入企业管理费。

单项损失不足五千元的,由企业自行处理,报主管部门备案;单项损失在五千元以上,不足五万元的,由主管部门审批;单项损失在五万元以上的,由主管部门会同同级财政部门审批。

(八)企业的各项待摊费用要严格管理,如实分摊,不得用多摊或少摊的办法来调整报告期的利润,掩盖本期的实际财务成果。

待摊费用应按有效的受益期分摊,但分摊期限一般为一年,最长的不得超过两年。受益期不明确的,应在十二个月以内摊销完毕,可以跨年度分摊。

(九)企业的原材料、燃料、物料用品、低值易耗品和商品等流动资产,因盘亏、毁损、变质或自然灾害等造成的损失,应及时查明原因,分清责任,区别不同情况,按下列规定处理:

1. 属于定额内的正常损耗,由企业自行决定,列入本期成本费用;

2. 属于责任事故造成的损失,应视责任大小,由过失人负责赔偿损失的部分或全部。需要核销的部分,按规定的审批权限报经批准后,在企业管理费列支;

3. 属于自然灾害等原因造成的非常损失,按规定的审批权限报经批准后,以其净损失(即账面净值扣除保险赔偿款和残值后),列作营业外支出;

4. 责任事故及自然灾害等原因造成的损失,一次净值不足五千元的,由企业自行批准处理,报主管部门备案;在五千元以上,不足五万元的,由主管部门审批;五万元以上的,由主管部门会同同级财政部门审批。

5. 流动资金盘盈,应查明原因,列作营业外收入。任何单位和个人不得隐瞒不报,不得抵补短缺和损失,或移作他用。

五、专用基金管理

(一)企业的专用基金包括更新改造基金、大修理基金、职工福利基金、职工奖励基金、发展基金、后备基金等。

专用基金应按照国家的规定提取和使用,加强管理。坚持先提后用,量入为出,专款专用,讲求效益的原则,按计划合理安排使用各项专用基金。

(二)企业留利中职工福利基金、职工奖励基金、发展基金和后备基金的分配比例,由主管部门会同同级财政部门核定。

(三)企业的更新改造基金依照下列规定管理:

1. 更新改造基金的主要来源有按规定提取的固定资产折旧基金,有偿调出固定资产所得价款,固定资产变价收入,财政和上级拨款,从发展基金中转入的部分等。

2. 按规定提取的固定资产折旧基金,全部留给企业。

3. 更新改造基金主要用于:设备的更新和房屋、建筑物等固定资产的重建,在原有固定资产基础上的技术改造和技术措施,劳动安全保护措施,固定资产购置,自制设备和土建工程开支,以及处理"三废"措施等支出。

(四)企业的大修理基金依照下列规定管理:

1. 大修理基金,应按规定的提取率提取。原来实行大修理基金按固定资产折旧率一定比例计提的企业,今后仍按原定的固定资产大修理提取率计提大修理基金,不再与折旧率挂钩,不得因计算、提取折旧方法的改变而多提或少提大修理基金。原来未规定大修理基金提取率的企业和新投产的企业,其大修理基金提取率由企业主管部门商同级财政部门制定。

2. 大修理基金主要用于固定资产大修理支出,企业结合固定资产修理,对机器设备进行必要的小型技术改造所发生的费用,在保证大修理需要的前提下,可以在大修理基金中开支,但要先转后用;较大的技术改造费用,应当在更新改造基金中开支。

(五)企业的职工福利基金依照下列规定管理:

1. 职工福利基金,按应计提职工福利基金的职工工资总额的11%从成本费用中提取,并按规定的比例由企业留利中分配。

2. 职工福利基金用于职工及其供养的直系亲属的医药费、医务人员工资、医务经费、职工因公负伤就医路费;职工生活困难补助;职工浴室、理发室、托儿所、幼儿园的人员工资和各项支出与各项收入相抵后的差额;食堂炊事用具的购置、修理费用;职工宿舍等集体福利设施支出;职工洗理费、托儿补助费、独生子女补助费等开支。

3. 企业不得用职工福利基金发放奖金和实物。

(六)企业的职工奖励基金依照下列规定管理:

1. 职工奖励基金,应按规定的比例由企业留利中分配。

2. 职工奖励基金用于职工奖励、自费工资改革、浮动工资及提成工资和缴纳奖金税等开支。奖励基金的结余,也可以用于兴建职工宿舍。

3. 职工奖励基金的发放要同企业内部经济责任制结合起来,贯彻鼓励先进、奖勤罚懒、多劳多得、调动职工的劳动积极性、不搞平均主义的原则。

(七)企业的发展基金依照下列规定管理:

1. 发展基金应按规定的比例由企业留利中分配。

2. 企业发展基金用于扩大企业经营,购置、新建、扩建固定资产和补充流动资金等开支。

(八)企业的后备基金依照下列规定管理:

1. 后备基金应按规定的比例由企业留利中分配。

2. 后备基金用于补充企业发展基金及弥补企业发生的亏损。

(九)企业按规定调剂留成外汇额度所得的人民币收益,应并入企业留利,按照大部分用于发展生产,少部分用于奖励、福利的原则分配使用。

六、附则

(一)本规定自一九八八年七月一日起执行。

(二)各省、自治区、直辖市旅游局和财政厅(局),可以根据本地区的具体情况,制定补充规定,报国家旅游局(现文化和旅游部)、财政部备案。

附录 B

Appendix B

年金现值、终值系数表
复利现值、终值系数表

References 主要参考文献

[1] 荆新,王化成,刘俊彦.财务管理学(第 8 版)[M].北京:中国人民大学出版社,2018.

[2] 梁红霞,刘雅娟等.财务管理[M].北京:清华大学出版社,2018.

[3] 孙茂竹,范歆.财务管理学[M].北京:中国人民大学出版社,2018.

[4] 黎毅,齐灶娥,李建良.财务管理[M].大连:东北财经大学出版社,2015.

[5] 贺志东.旅游企业财务管理[M].广东:广东经济出版社.2011.

[6] 徐虹,康晓梅.旅游企业财务管理(第 3 版)[M].大连:东北财经大学出版社,2016.

[7] 曾燕群,曾国友.旅行社财务管理[M].北京:国家开放大学出版社,2012.

[8] 赵素娟,苏玲朵.旅游企业财务管理[M].北京:清华大学出版社,2016.

[9] 李志宏.酒店财务管理[M].北京:北京理工大学出版社,2019.

[10] 马桂顺.酒店财务管理(第 3 版)[M].北京:清华大学出版社,2015.

[11] 陈明.酒店管理概论(第 3 版)[M].北京:旅游教育出版社,2017.

[12] 方燕平.现代酒店财务管理(第 2 版)[M].北京:首都经济贸易大学出版社,2015.

[13] 查尔斯.H.吉布森.财务报告与分析[M].大连:东北财经大学出版社,2005.

[14] 爱德华.布洛克.战略成本管理[M].北京:人民邮电出版社,2005.

[15] 斯蒂·A.罗斯.公司理财[M].北京:机械工业出版社,2018.

[16] 中国注册会计师协会.财务成本管理[M].北京:中国财政经济出版社,2015.

[17] 黄海玉.旅游会计学[M].大连:东北财经大学出版社,2015.

[18] 樊平,李琦.餐饮服务与管理[M].北京:高等教育出版社,2015.

[19] 梁艳.国际财务管理[M].北京:清华大学出版社,2017.

[20] 刘锋.酒店经济学[M].北京:机械工业出版社,2013.

教学支持说明

为了改善教学效果,提高教材的使用效率,满足高校授课教师的教学需求,本套教材备有与纸质教材配套的教学课件(PPT 电子教案)和拓展资源(案例库、习题库视频等)。

我们将向使用本套教材的高校授课教师免费赠送教学课件或者相关教学资料,烦请授课教师通过电话、邮件或加入旅游专家俱乐部 QQ 群等方式与我们联系,获取"电子资源申请表"文档并认真准确填写后发给我们,我们的联系方式如下:

地址:湖北省武汉市东湖新技术开发区华工科技园华工园六路

邮编:430223

电话:027-81321911

E-mail:lyzjjlb@163.com

旅游专家俱乐部 QQ 群号:758712998

旅游专家俱乐部 QQ 群二维码:

群名称:旅游专家俱乐部5群
群　号:758712998

电子资源申请表

填表时间：_____ 年 ___ 月 ___ 日

1. 以下内容请教师按实际情况写，★为必填项。
2. 相关内容可以酌情调整提交。

★姓名		★性别	□男 □女	出生年月		★职务	
						★职称	□教授 □副教授 □讲师 □助教

★学校		★院/系	
★教研室		★专业	
★办公电话		家庭电话		★移动电话	
★E-mail（请填写清晰）			★QQ号/微信号	
★联系地址		★邮编	

★现在主授课程情况	学生人数	教材所属出版社	教材满意度
课程一			□满意 □一般 □不满意
课程二			□满意 □一般 □不满意
课程三			□满意 □一般 □不满意
其他			□满意 □一般 □不满意

教材出版信息						
方向一		□准备写	□写作中	□已成稿	□已出版待修订	□有讲义
方向二		□准备写	□写作中	□已成稿	□已出版待修订	□有讲义
方向三		□准备写	□写作中	□已成稿	□已出版待修订	□有讲义

请教师认真填写表格下列内容，提供索取课件配套教材的相关信息，我社根据每位教师填表信息的完整性、授课情况与索取课件的相关性，以及教材使用的情况赠送教材的配套课件及相关教学资源。

ISBN（书号）	书名	作者	索取课件简要说明	学生人数（如选作教材）
			□教学 □参考	
			□教学 □参考	

★您对与课件配套的纸质教材的意见和建议，希望提供哪些配套教学资源：